全球文化发展观察（2018）

主　　编：中国社会科学院中国文化研究中心
执行主编：章建刚

中国保护和促进
文化表现形式多样性的
政策与实践 　（2012~2015）

Policies and Practice on Protection and
Promotion of the Diversity of Cultural Expressions in China
（2012-2015）

履约报告起草组／著

社会科学文献出版社
SOCIAL SCIENCES ACADEMIC PRESS (CHINA)

起草组成员简介

章建刚 主要执笔人。中国社会科学院中国文化研究中心副主任，研究员，博士生导师。文化和旅游部《公约》事务部际协调机制专家。"文化蓝皮书"（系列）主编。近年来，主要从事文化发展、文化政策和文化理论问题研究，涉及文化体制改革、文化产业、公共文化服务、文化多样性保护、少数民族文化发展、文化遗产保护等领域，著有《制度创新，推动文化发展繁荣》《文化经济学视野的搭建》等。

李　河 起草组成员。中国社会科学院中国文化研究中心执行主任，哲学研究所现代外国哲学研究室研究员，博士生导师。联合国教科文组织"文化多样性国际基金"项目评审专家。长期从事西方哲学及西方文化政策研究，著有《巴别塔的重建与解构》《走向解构论的解释学》等。

陈　静 起草组成员。中国社会科学院哲学研究所中国哲学研究室研究员，博士生导师，曾任《中国哲学史》常务副主编和《道家文化研究》副主编。除中国哲学史研究外，也涉猎西方思想的介绍与翻译。主要著作有《自由与秩序的困惑》，译有《柯林伍德自传》等。

司　思 起草组成员。中国音乐学院艺术管理系副教授，理论研究室主任。中国传媒大学传媒经济学博士，牛津大学路透新闻研究访问研究员。

王珂明 起草组成员。天津市委党校、天津行政学院副编审，天津市反腐倡廉理论研究中心特聘研究员。著有《文化经济前沿问题研究》。

起草组咨询专家简介

张晓明　中国社会科学院中国文化研究中心副主任，研究员，中国传媒大学特聘博士生导师，上海戏剧学院讲座教授，中宣部《文化体制改革总体方案》和《文化发展纲要》起草小组专家组成员，财政部中央文化企业国有资产监督管理领导小组办公室专家委员会主任，"文化蓝皮书"（系列）主编，联合国教科文组织《创意经济报告》（2008、2010、2013）中文版主编。主要从事经济伦理学、文化哲学、文化政策等研究，著有《伟大的共谋》《拓荒者之路》等。

施惟达　云南大学东陆书院院长，教授，博士生导师。云南省文史研究馆馆员。主要从事古代文化、民族文化及文化产业研究。著有《云南民族文化概说》等。

单士联　上海交通大学媒体与传播学院院长、党委书记，教授，博士生导师。长期从事美学、思想史和文化研究。著有《文化大转型：分析与评论——西方文化产业理论发展研究》等。

意　娜　中国社会科学院民族文学研究所副研究员、中国加拿大少数民族文化遗产保护项目专家、哈佛燕京学社访问学者（2018～2019）；《文化蓝皮书：国际文化产业发展报告》执行主编、"U40文化产业暑期工作营"发起人。译有《重塑文化政策》等。

目　录

中国保护和促进文化表现形式多样性的政策与实践（2012～2015）*

履约报告起草组**

摘　要　中国政府认为，保护和促进文化表现形式多样性有助于全球化进程的健康推进，也有益于世界各国尤其是发展中国家的可持续发展。最近四年，中国政府根据联合国教科文组织《保护和促进文化表现形式多样性公约》（简称《公约》）的精神，不仅加大了对国内文化发展，包括对中西部少数

---

* 本报告是中国政府作为联合国教科文组织《保护和促进文化表现形式多样性公约》（即 2005 年《公约》）的缔约方与成员国，按照《公约》的规定，向教科文组织及《公约》大会提交的四年期履约报告的初稿。撰稿人作为民间社会的代表，受文化部（即今天的文化和旅游部）外联局的委托，使用各有关政府部门提供的材料、数据以及部分公共媒体的信息，起草了本报告。由于教科文组织对报告的撰写逐渐有了规定格式要求，本报告初稿在经过各有关政府部门的审读后也作了相应的格式调整和改写，翻译成英文，并经国务院批准，提交给教科文组织。在这个过程中，外联局国际处的同志做了大量修订工作。为使国内公众了解《保护和促进文化表现形式多样性公约》及中国政府的政策实践，了解国内文化多样性保护的问题及各方努力，我们认为以现在的叙述形式出版这个初稿是有益和恰当的。本报告已是中国政府向 2005 年《公约》提交的第二份四年期报告。目前报告的叙述框架与逻辑是教科文组织 2005 年《公约》制定的，这些框架体现了 2005 年《公约》的基本精神。也只有在这个框架下，各国别报告才能分别彰显各缔约方在履约方面的努力（而不仅是一般介绍各成员国特定的文化政策）。由于本报告使用的资料多由政府各部门权威提供，所以在提及有关政策文件名称时，并未注明其公布时使用的媒体或官网名称。报告正式提交时，还会将港澳地区的相关报告内容合并进去，兹略。

** 2016 年 7 月，文化部外联局作为 2005 年《公约》在中国的联络点，开始就报告撰写工作与国务院相关部委组成的《公约》事务跨部门协商机制成员共同组建了履约报告撰写工作组，同时委托中国社会科学院文化研究中心（现更名为中国文化研究中心）章建刚、李河、陈静，中国音乐学院司思，天津市委党校王克明等专家负责起草报告。外联局为此还向中国社会科学院文化研究中心提供了必要的经费。本报告主要执笔人为章建刚研究员。

民族地区文化发展的投入，而且努力通过文化的发展促进整个经济增长方式转变及结构调整，促进社会的公平正义。

过去的四年，中国文化产业有了较快增长，其 GDP 增加值已超过 2.4 万亿元；公共文化服务体系建设尤其是乡村基础公共文化设施建设取得了阶段性成果；中国文化在世界各地的传播更加广泛；在"一带一路"倡议带动下，中国与世界各国的文化交往更加密切；中国的主流媒体实力增强，并努力向新的媒体业态延伸。到 2015 年，中国电视剧和图书的年产量居全球第一，电影的年产量居全球第二。

尽管如此，中国文化发展仍然面临许多挑战。中国传统文化的现代化转型仍然没有完成；文化内容创新缺乏活力，居民文化消费不够旺盛，国际文化贸易规模太小，国际影响力与其大国地位不相称。数字环境给媒体及文化传播的治理带来新的困难。国内经济发展与分配的不平衡也让一些少数民族地区的文化多样性状况堪虞。

但是，困难也会带来机遇。中国政府已经制定了新的五年发展规划。规划对于文化的发展也做了较为具体的安排，将在新的规划期间内，努力提升国民文明素质，丰富文化产品和服务并提高文化开放水平。预计到"十三五"末期，中国文化产业将接近于成为国民经济支柱产业，东、中、西部的文化发展水平将更为均衡，文化表现形式多样性状况进一步改善，变得更加活跃、繁荣。

一　文化政策背景概述

最近的四年中，中国政府越来越强烈地认识到文化对于整个社会经济可持续发展的重要性；认识到文化的发展需要更多地在市场环境下，通过价值链各个环节的相互推动才可以实现；认识到在全球化条件下，文化的发展尤其是中国的国际话语权的获得也需要通过包括国际文化贸易在内的各种文化交往形式才可实现；而这当中还有必要对实力相对更弱的发展中国家予以力所能及的优惠待遇。这些都是《公约》文本和实践所提示的。《公约》为中国政府当前政策制定尤其是文化政策的制定提供了有益的参考。

近几年来，中国经济社会的若干重大政策都包含了促进相关文化发展的内蕴。这些重要政策是在全球经济复苏乏力、国内经济下行压力较大的背景下做出的。这些政策的主题是坚定深化改革、扩大开放，积极调整产业结构，推动经济转型升级，鼓励像京津冀这样的特大城市区域间实现一体化发展战略，在国际上倡导并拓展与"一带一路"沿线国家的各种类型经济发展及商贸合作等。在国内的发展进程中，中国政府不仅注意推进文化创意产业的发展，促进文化产业与信息产业、旅游产业等的融合发展，也注重对各类文化资源的保护，着力构建惠及全民的公共文化服务体系，并努力推动中国文化"走出去"。

在推动文化尤其是文化产业发展的实践中，中国政府注意推动相关的文化立法工作，强化知识产权保护执法，并有意识地推动行政体制改革，大幅精简审批事项。近几年，中国还批准或签署了多项与文化及知识产权相关的国际公约。

中国政府意识到，数字与互联网技术的迅猛发展极大改善了公民与世界各文化间的积极交流，也在信息和社会治理方面带来新的挑战。因此中国政府积极支持并参与相关领域的论坛，关注民间社会的意见，表达自身的关切与立场。

就是在这样的政策环境中，中国政府及其相关文化主管部门采取了各种政策措施，不断改善中国境内的文化表现形式多样性状况，并为全球文化表现形式多样性的丰富提供了援助。

对于中国来说，保护和促进文化表现形式多样性的政策可以有广义与狭义两种理解。广义的文化多样性政策是指为中国文化的发展制定的所有政策，因为中国文化的发展就是对全球文化多样性状况改善所做的重要努力。狭义的文化多样性政策则是以市场为中心的，强调动用各种公共政策以及公共财政措施工具，促进本国尚处于发展初期的文化产业有较快进步，而这些政策必然会传导到价值链的各个环节。

此外，中国文化发展的制度环境与其他国家尤其是发达国家有明显的区别。当一些发达国家为公共媒体在市场环境下软弱无力担忧时，中国公共媒体的过于强势实际上也会抑制文化表现形式多样性的繁荣。这就是说，中国保护和促进文化表现形式多样性政策措施的制定与实施必然是与文化体制改革的举措或政策相关联的。以上两点将有助于更好地理解中国的文化表现形式多样性政策与实践。

二 文化政策和措施①

中国政府持续稳妥地开放市场，包括文化市场，以各种政策措施支持文化产业及价值链各个环节的发展，不断提升各类媒体的数字化水平，努力强化各类中国文化产品与服务在国际文化贸易中的竞争力。近几年来，国务院及其文化主管部门每年出台的政策性文件达几十项之多。国家和地方都设立了数以几十亿计的

---

① 在这些二级标题下，教科文组织对本部分页码和具体涉及的内容、事项有报告数额限制。因此在一些标题下，我们不能充分介绍国家相关政策措施，只能选择相对重要的内容进行介绍。

文化产业发展专项资金，支持广播影视单位转企改制、有线网络整合、数字化转换、企业设备更新改造、新媒体发展等一大批产业项目，重点扶持国有骨干企业，同时引导社会资本投入，扶持广播影视产业发展，促进市场体系的进一步完善。

2013 年 12 月，国务院批准国家艺术基金的建立。资金重点投向艺术作品的创作生产、传播推广、征集收藏和人才培养等方面。"十二五"期间累计安排资金 20 亿元。2014 年，基金从各类申报项目 4256 个当中，评出 393 个予以立项，资助金额达 4.02 亿元。2015 年，基金从 4402 个项目中评出 728 个予以立项，资助金额约7.6 亿元。

2014 年，国务院办公厅印发《关于文化体制改革中经营性文化事业单位转制为企业和进一步支持文化企业发展两个规定的通知》，鼓励并规范文化企业发展和经营性文化事业单位转为企业。截至目前，原广电系统所属国有电影制片厂、电视剧制作机构、电影公司、电影院和有线电视网络单位已全面完成转企改制；截至 2015 年底，已有 106 家中央和地方非时政类报刊出版单位转制方案和 72 家报刊编辑部改革实施方案得到核准。一批出版传媒企业还积极进行公司制、股份制改造，完善了法人治理结构，建立健全了现代企业制度，进而能够上市融资，大大提升了市场竞争力。

2012 年以来，合并后的国家新闻出版广电总局共取消了行政许可和行政审批项目 31 项，下放行政许可和审批项目 12 项，减少了不必要的制度性障碍和壁垒，进一步激发了社会各界参与文化生产的热情，有力促进了新闻出版广播影视创作生产的有序发展和繁荣。

国家新闻出版广电总局还印发了《关于进一步规范广播电视制播分离改革工作的通知》（2016 年），在坚持播出权特许经营前提下，稳妥推进电视剧、动画片的制播分离，让更多的节目制作机构成为市场主体。政策进一步明确了制播分离的范围和播出机构、制作公司、行政管理部门等相关主体的责任，强化了对制播分离的规范管理。各省市新闻出版广电局均向地方有关机构部署了执行方案。

国家通过税收优惠政策支持广播影视行业发展。目前，国家对电影企业销售电影拷贝收入、转让电影版权收入、电影发行收入以及在农村取得的电影放映收入免征增值税；对广播电视运营服务企业收取的有线数字电视基本收视维护费和农村有线电视基本收视费，免征增值税；经营性文化事业单位转制为企业，免征企业所得税。这些政策的实施减轻了广播影视企业资金压力，推动了广播影视企业加快发展。2013 年 12 月，财政部和税务总局还印发了《关于延续宣传文化增值税和营业税优惠政策的通知》。该通知规定，从 2013 年 1 月 1 日起至 2017 年 12 月 31 日止，对图书批发、零售环节免征增值税。初步估算这一政策每年就为全行业减免税费 30 多亿元。

国家新闻出版广电总局还会同发改委等部门于 2016 年 6 月 7 日印发了《关于支持实体书店发展的指导意见》，从规划、财政、金融、税收、审批以及行业自身发展等多方面给出了扶持政策。该政策的目标是，到 "2020 年，基本建成布局合理、功能完善、主业突出、多元经营的实体书店发展格局"。2013～2015 年三年间，中央财政已动用 3.045 亿元人民币，对北京、上海、浙江、福建、江西、云南等 16 个省份的近 200 家特色书店进行资金奖励；其中，民营实体书店占到 65% 以上。为支持图书贸易发展，有关部门常年举办国际图书博览会。经过 30 年的发展，北京国际图书博览会已经成为世界第二大国际书展。与 1986 年首届图博会相比，参展国家和地区从 35 个增加到 86 个，参展商由 228 家增加到 2407

家，展览面积从 7800 平方米增加到 78600 平方米，展览品种从 5 万种增加到 30 多万种。中国新闻出版企业还通过并购、合资或独资等方式，在 50 多个国家和地区设立出版社、实体书店等分支机构近 400 家。目前，中国的日报发行量、图书出版量居世界首位；数字出版、印刷业整体规模均居世界第二位，已经成为名副其实的新闻出版大国。

为激发民间资本热情，国家新闻出版广电总局于 2012 年出台《关于鼓励和引导民间资本投资广播影视产业的实施意见》，鼓励民间资本投资广播电视节目制作和电影制片、发行、放映领域。2015 年，总局发布《关于修订部分规章和规范性文件的决定》，进一步降低准入门槛，鼓励社会资本投资广播影视领域。在政策的引导下，国内影视制作机构数量大幅增加。2015 年就新增影视制作机构 3000 多家，其中 80% 以上为民营机构。

2016 年 5 月 31 日，国家新闻出版广电总局会同商务部出台了新的《出版物市场管理规定》，取消了出版物批发业务注册资本要求；取消了发行员职业资质作为从事出版物批发零售业务的审批条件；取消了各地不得新设出版物批发市场的限制，并将从事出版物批发业务所需经营场所面积由不少于 200 平方米调整为不少于 50 平方米，降低了行业准入门槛。同时，新的规定取消了对外资、港澳台投资者设立出版物发行连锁单位的股权比例限制，给予外商投资"国民待遇"。

近五年来，文化部共有《文化部"十二五"时期文化产业倍增计划》《"十二五"时期国家动漫产业发展规划》《藏羌彝文化产业走廊总体规划》《关于推进文化创意和设计服务与相关产业融合发展的若干意见》《关于深入推进文化金融合作的意见》《关于大力支持小微文化发展的实施意见》等六个促进文化产业发展的政策文件相继发布。近年来，文化部根据国务院关于取消、下放和调整行政审批项目的系列决定实施了一系列简政放权、方便企业进入文化市场的措施。文化部取消了 3 项、下放 9 项、仅保留 3 项文化市场行政审批事项，将 14 项文化市场主体设立审批全部由前置改为后置，并定向修改了上网服务、娱乐场所、营业性演出等行政法规；明确对已在营业执照载明内容的，不再要求提供材料；取消设立经营性互联网文化单位、从事网络游戏经营活动最低注册资本的限制。文化部发文取消了对游艺娱乐场所、上网服务营业场所总量和布局规划的要求。修订后的《艺术品经营管理办法》（2016 年 3 月）缩短了艺术品进出口经营活动的审批时限。发布的《文化部关于加强和改进网络音乐内容审查工作的通知》建立了"内容自审 + 事中事后监管 + 信用体系"的新制度。到目前为止，演出、娱乐、动漫、游戏、艺术品、网络文化等领域，已基本对境内社会资本全部开放。2016 年 5 月，文化部对该项工作的落实情况安排专项督察。督察情况的前两阶段于 2016 年底已经完成。

文化部市场司在已获批的自贸区扩大文化市场开放试点，允许设立外商独资演出经纪机构、演出场所经营单位、娱乐场所；推进上海自贸区试点任务，指导上海建设国际艺术品交易中心；支持 CEPA 有关工作，积极向港澳服务提供者开放演出、娱乐等项目，吸引港澳资本进入文化市场；支持北京市服务业扩大开放综合试点工作，允许外商投资者在试点区域，独资设立演出经纪机构；印发《文化部关于允许内外资企业从事游戏游艺设备生产和销售的通知》（2015 年 7 月），将在自贸区形成的可复制经验向全国推广，全面放开游戏游艺设备面向国内的生产和销售。

文化部还出台各项政策扶持文化产业生产部门的发展。文化部通过国家级文化产业示范园区、试验园区和国家文化产业示范基地等载体，催生出一批有较强实力、竞争力、影响力和自主创新能力的文化产业集群和骨干文化企业，为全国文化产业的发展做出了示范。目前，全国已有文化部命名的 10 家国家级文化产业示范园区、10 家国家级文化产业试验园区和 335 家国家文化产业示范基地。2014 年 7 月，文化部与工业和信息化部、财政部联合发布《关于大力支持小微文化企业发展的实施意见》，明确说明政策措施的细节。

文化部着力推进文化产业投融资体系建设，努力破解文化企业发展中遇到的资金瓶颈问题。2014 年 3 月，文化部、中国人民银行、财政部联合印发《关于深入推进文化金融合作的意见》，希望金融企业能通过产品创新为文化企业提供便捷服务。自 2013 年以来，文化部积极协调财政部实施中央财政文化产业发展专项资金重大项目——"文化金融扶持计划"，通过财政手段支持文化企业更多运用金融资本。为进一步鼓励金融资本和社会资本投入文化领域，拓宽文化建设的资金渠道，经文化部积极沟通，2016 年 6 月财政部还联合文化部等 20 个部门印发了《关于组织开展第三批政府和社会资本合作示范项目申报筛选工作的通知》，鼓励两个产业间开展合作。

由文化部牵头，教育部、科技部、财政部等 10 部门组成的扶持动漫产业发展部际联席会议发布了《"十二五"时期国家动漫产业发展规划》。文化部还与相关部门积极协调争取，对动漫产业税收优惠进行两次延期，将相关政策延续到 2017 年 12 月。为推动动漫艺术精品力作的涌现，文化部联合各有关部门在 2011 年和 2014 年，两次颁发中国政府文化艺术奖动漫奖，表彰动漫生产的最新成果。

文化部还支持各地举办文化产业博览会，特别是将中国（义乌）文化产品交易会作为文化部文化产业展会转型升级工作的试点，从运行机制、展区设置、招商招展等方面对展会进行指导，推动各地文化会展产业向专业化、市场化、国际化方向发展。为推动中国文化企业和文化产品走向国际市场，文化部还配合商务部制定发布文化产品和服务出口指导目录；配合财政部对文化企业走出去予以扶持；并依托文化产业行业协会，鼓励和组织文化企业参加国际展会和文化活动。

自 2004 年起举办的中国文化博览会在其前十届的举办过程中，一直按照主办部门的安排，贯彻"产品是国内的，采购商是海外的"原则，只有海外采购商参与，而没有海外展商、展品参加。2015 年，自第十一届开始，响应国家"一带一路"倡议，专门增设"一带一路馆"，广泛引进共建"一带一路"国家的展商、展品，与中国文化产品、项目等同场竞争。

2014 年以来，文化部联合财政部启动文化产业创业创意人才扶持计划，面向全国征集青年创意作品近 8000 件，为青年创意人才提供交流、学习平台与展示、推介机会，使他们的创意实现从作品到产品的跨越。

2005 年《公约》的一个基本精神就在于确认各缔约方对于本国文化产业的发展，文化产品的创意、生产、销售、传播、消费等"价值形成圈"（价值链）各环节有权进行政策性扶持（包括使用公共财政）。中国政府的实践表明，这种扶持应该是更全面和更灵活的，例如推动文化产业与各传统产业的融合发展，鼓励金融业对文化产业给予市场性质的支持，并在开展公共文化服务、有形及无形文化遗产保护时考虑到其对文化产业的积极影响等。这表明，文化发展与国家经济社会整体的可持续发展是联系在一起的。当然，中国在这方面的尝试还只是初步和探索性的。

三 国际文化合作

文化政策方面的国际合作及相互借鉴对于文化多样性保护而

言极为重要。近年来尤其是加入 2005 年《公约》以来，中国政府与全球各个国家展开了全方位的文化合作。中国政府提出"一带一路"建设倡议后，这类文化合作的开展大幅增加。迄今中国文化部与全球各主要国家集团或文化共同体建立了大量双边或多边的交流机制（论坛、文化节、文化部长会议等）。这些机制中合作范围较大的有如下几个。

中国—中东欧（1+16）多边文化合作论坛。2013 年，首届中国—中东欧国家文化合作论坛在北京召开，中国和中东欧 16 国文化部门代表签署了《中国—中东欧国家文化合作行动指南》；2015 年，第二届中国—中东欧国家文化合作论坛在保加利亚首都索菲亚召开，各方通过了《中国—中东欧国家文化合作索菲亚宣言》。

中国—东盟 10+1 文化部长会议。2012 年 5 月，首次中国—东盟 10+1 文化部长会议在新加坡举办，成为中国与东盟之间第 12 个部长级会议机制；2014 年 4 月，第 2 次中国—东盟文化部长会议在越南举办，会上通过了《中国—东盟文化合作行动计划（2014～2018）》；2016 年 8 月，第 3 次中国—东盟 10+1 文化部长会议在文莱斯里巴加湾市举办。

中拉（美）合作论坛。除了进行文化发展文化政策交流，论坛还配套安排了"拉美艺术季"、"加勒比音乐节"、"中拉文明对话机制"和"中拉思想文化经典互译工程"等活动。

中阿文化部长论坛。2014 年 9 月 10 日，第三届阿拉伯艺术节活动框架中增加了中阿文化部长论坛。论坛在中国国家博物馆举办，并通过了《中阿文化部长论坛北京宣言》。

中非合作论坛—文化部长论坛。2012 年 6 月，文化部在北京主办了首届"中非合作论坛—文化部长论坛"。来自非洲 45 个国家的文化部部长或部长代表齐聚北京，通过了《中非合作论坛—文化部长论坛北京宣言》。

　　这些机制在执行当中，往往还会组合开展艺术家或专业人士的交流活动，并开设关于文化创意产业发展的研讨会、研讨班。例如"中澳文化对话"，该"对话"由中澳民间艺术机构主办，两国政府文化部门支持，自2016年起在两国轮流举办。对话主要设表演艺术、视觉艺术和文化产业三个议题。又如"中日韩文化产业论坛"自2002年创办以来，已在三国轮流举办了八届，专门探讨文化创意产业发展的国际趋势和政策问题。中美、中加（拿大）、中俄之间也设有周期性的创意产业论坛，中美之间还有年度的文化产业博览会。

　　除了这些政府文化部门之间的交流，中国还积极举办世界各国图书馆、博物馆等公共文化服务机构负责人及专家的交流活动，组织的艺术家互访更是不计其数。如"意会中国"作为中阿（拉伯）合作论坛框架下的重点文化交流项目已在阿拉伯国家中产生了广泛影响，迄今已有100余名阿拉伯国家的知名艺术家在华创作的300多幅绘画和雕塑作品小样由文化部永久收藏。

　　为扩大文化交流，参与国际文化市场竞争，中国政府鼓励有关影视企业开展国际合作，已与多个国家签署了影视合拍协议。截至目前，中国已与荷兰、英国、俄罗斯等13个国家签署了电影合拍协议；与新西兰等国签署了电视合拍协议。2012～2015年，仅中央电视台就与26家境外电视台签署了合作协议。2015年共有295部（次）国产影片（含合拍影片）参加了22个国家和港澳台地区的60个国际电影节，其中74部次影片获111个奖项。

　　中国政府还通过推动中国影视节目在其他国家放映，加深各国人民对中国的了解，也进一步推动影视艺术的发展。2015年，中国就在境外25个国家及港澳台地区举办了36次中国电影节展；同年，还在华盛顿举办了"2015中国电影周"，在伦敦、爱丁堡先后举办了"聚焦中国"电影展和中国电影日活动；在丝绸之路沿线国家乌兹别克斯坦、哈萨克斯坦、泰国举办了中国电影展；在捷克、摩洛哥举办了中国电影日活动；以及中法电影节、中澳电影节等，这些中国电影受到当地观众的热烈欢迎。在首届"丝绸之路影视节"期间，由新闻出版广电总局倡议并发布的《首届丝绸之路国际电影节国际合作共同宣言》得到了相关国家的热烈响应。该宣言确认的内容包括每年举办一届丝绸之路国际电影节；定期互办电影展（周）；就共同感兴趣的题材合作拍摄影片；相互引进和发行其他国家的影片，以及各国在电影方面开展多种形式的合作与交流等。

中国与美国电影协会、韩国电影振兴委员会等机构合作，派出青年导演赴美国参加"派拉蒙中国电影人才交流计划""迪士尼中国动画电影制作人研讨班"考察学习，使青年电影人能树立全球视野、学习到先进经验和技术。2016年中国还组派新一代女艺术家赴美办展。

四 优惠待遇

近年来，尽管中国文化产业增长较快，但其发展的历史并不长。中国对外文化产品与服务的贸易更是刚刚起步，交易内容还主要是一些低端文化产品。2014年3月，国务院发布了《关于加快发展对外文化贸易的意见》，提出了发展对外文化贸易的基本原则和总体目标，明确了"支持文化企业在境外开展文化领域投资合作"，"支持文化企业在境外参加重要国际文化会展"。据统计，2014年，我国文化产品出口1118.2亿美元；2015年文化产品出口871.2亿美元，文化服务出口200.2亿美元，同比增长37.2%，高于我国服务出口增速22个百分点。但这样的规模与中国这样的文化大国及其年国民经济总量、外贸总量相比都还是微不足道的。

因此，国务院的文件除了提出要对文化企业出口文化产品或服务给予金融、税收等方面的优惠政策外，还提出要"建立由商务、文化、外交、财税、金融、海关、统计等部门组成的对外文化贸易工作联系机制"，统筹对外文化贸易的政策协调。

与此同时，中国在与发展中国家开展文化贸易方面，也适当给予各种优惠，促进文化方面南南合作的开展。中国提出"一带一路"建设倡议之后，中国级别最高、规模最大的深圳文化博览会大力吸引"一带一路"沿线国家的文化产品来华参展。有关国家政府组团参展，博览会根据其交易内容和规模，提供一定面积的免费展位；国外企业单独参展，文博会也提供一定的展位费用优惠。文博会上还由中方邀请，安排印度等国民间艺人来华进行传统技艺交流，中方负担各项费用。中方为立陶宛设计师协会组织参展负担了在华期间的有关费用，并安排他们与多家中方设计机构进行业务洽谈。针对俄罗斯参展的油画作品，中方与其合作举办了一系列的展示和拍卖活动。

相应地，为了促进中外文化交流与合作，2016年11月，中方也赴埃及参加中埃文化博览会，促进埃及文化及文化产业的发展、传播。

中国对其他发展中国家文化交流的优惠政策在很大程度上还是以"外援"的方式体现的，但这种外援已经从单纯的文化基础设施项目援建或文化产品赠予扩大到各种配套的文化服务提供及能力培训领域。

2013～2016年，中方已经在全球10个国家援建了"孔子学院"项目，阿富汗、赞比亚等4个项目已经竣工。2013年以来，中方向塞舌尔、毛里求斯等国家派遣了50多名汉语教学志愿者，在教授汉语的同时，也传播了中国文化。中国还在10个受援国实施了电视节目落地项目，丰富了有关各国国内影视节目的选择性、多样性。

2013～2016年，中国商务部积极开展文化专业人员培训工作，共开办了近100期双多边培训班，有2200名发展中国家的文化部门官员及文化专业技术人员来华参加培训。培训内容涉及档案遗产保护、博物馆和美术馆管理、文化与经济、体育及赛事管理等。在培训过程中，还结合进行了汉语专题培训，既方便了学员在华培训期间的日常生活，又传播了汉语及中国文化知识。近年来中国与很多国家尤其是发展中国家互办文化节，加强文化沟通。

2015年，中国政府应老挝政府的请求，同意开展与老挝交响乐团的技术合作项目。据此中方派遣3名音乐家赴老进行85天的专业技术指导；邀请20名老方乐团人员来华进行90天的培训；还向老方提供部分乐器与舞台设备，并派遣6名舞台技术人员赴老提供为期30天的技术服务。

中国国家主席习近平在中阿合作论坛第六届部长级会议上曾提出："未来十年，中方将组织一万名中阿艺术家互访交流，推动并支持200家中阿文化机构开展对口合作，邀请并支持500名阿拉伯文化艺术人才来华研修。"显然，中国对发展中国家的文化发展也将提供越来越多的帮助；"一带一路"倡议的落实将使更多沿线国家共同受益，使有关国家的人民进行更多的文化交流。

五　文化融入可持续发展

中国政府早已认识到经济、社会、政治、文化、生态诸方面平衡发展的重要性，注意到国际上文化产业较快发展的趋势，以及加速文化发展可能对经济结构调整、产业转型升级和整个社会可持续发展的积极意义，因此近年来中国政府采取了一系列政策措施，推动文化产业和各传统产业融合发展，跟上数字技术发展潮流。这样的政策也更容易与减贫及逐步缩小东西部地区发展差异的目标相结合。毕竟保护和促进文化表现形式多样性对于中国这样的多民族国家来说，更直接就是一个国家层面的问题，即国内各少数民族文化发展问题。

将文化融入整个国家可持续发展的具体政策构想包括两个方面。首先是让传统上由文化部门管理的文化产业部门与其他部门管理的产业部门建立业务上的联系，并在市场上取得更大的业绩，例如文化创意机构与旅游、时尚设计行业的融合；另外也让文化产业部门与遗产部门进行合作，使遗产变成资源，经过创新成为产品。这样的政策不仅在地方层面具体实施，而且也在国家层面通过发布区域文化产业发展规划得到贯彻。其次是紧跟国际上数字技术的发展趋势，让文化企业通过新技术的市场应用平台不断向新的领域扩张，例如主动接入甚至开办互联网及其电子商务平台。这样做既可以让文化产业发展与国家经济体系运行充分整合，也发挥了文化产业对当前国家经济的拉动作用。

同时，国家在进行政策制定与实施的过程中，也要更关注政策的系统性，注重各职能部门的横向关联，出台全面的计划清单及明确的时间表。这种做法也促进了国家治理体制的改革、创新。

2014 年 3 月，国务院下发了《关于推进文化创意和设计服务与相关产业融合发展的若干意见》。该意见强调，这种融合是培育国民经济新的增长点、提升国家文化软实力和产业竞争力的重大举措，是发展创新型经济、促进经济结构调整和发展方式转变、加快实现"中国制造"向"中国创造"转变的内在要求，也是促进产品和服务创新、催生新兴业态、带动就业、满足多样化消费需求、提高人民生活质量的重要途径。该意见特别提及，要着力推进文化软件服务、建筑设计服务、专业设计服务、广告服务等文化创意和设计服务与装备制造业、消费品工业、建筑业、信息业、旅游业、农业和体育产业等重点领域融合发展；要根据不同地区实际、不同产业特点，鼓励先行先试，发挥特色优势，促进多样化、差异化发展。该意见设定的目标是，到2020年，要让文化创意和设计服务的先导产业作用更加强化，与相关产业全方位、深层次、宽领域的融合发展格局基本建立，培育出一批具有核心竞争力的企业，打造一批具有国际影响力的品牌，建设一批特色鲜明的融合发展城市、集聚区和新型城镇等。

与这一政策相关，有关政府部门也出台了一批配套措施。2016年，文化部会同国家文物局等相关部门，研究起草并经国务院常务会议审议通过后印发了《关于推动文化文物单位文化创意产品开发若干意见》。该意见要求加强文化资源的开放和共享，鼓励文化文物单位与社会力量深度合作，鼓励社会力量参与文化创意产品研发、生产和经营。该意见出台后，文化部会同国家文物局等相关部门启动试点工作，培训人才、展示产品，已取得一些积极成果。

数字技术的迅猛发展是未来社会可持续发展的动力与手段，也是促进文化产业与相关产业发生融合的基本媒介。2015年底以来，国家发展改革委确定将数字创意产业作为"十三五"时期重点发展的战略性新兴产业五大行业之一纳入《"十三五"国家战略性新兴产业发展规划》的视野，并由文化部牵头起草了规划中数字创意产业的内容。广电部门也出台《关于促进主流媒体发展网络广播电视台的意见》，推进台网联动、深度融合，加快推进全国有线电视网络整合。传统媒体与新媒体的融合发展也在加速。2015年3月国家新闻出版广电总局会同财政部出台《关于推动传统出版和新兴出版融合发展的指导意见》，提出了16条措施，推动传统出版方式向网络空间延伸、与新兴出版方式融合发展；力争用3～5年的时间，建设若干家具有强大实力和传播力公信力影响力的新型出版传媒集团，实现"一个内容多种创意、一个创意多次开发、一次开发多种产品、一种产品多个形态、一次销售多条渠道、一次投入多次产出、一次产出多次增值的生产经营"格局。相关内容也被纳入正在制定的新闻出版业"十三五"时期发展规划，并有望优先获得中央财政专项资金的重点支持。2014年以来，中央文化产业发展专项资金支持新闻出版转型升级项目总额已经超过13亿元。公共报刊机构也在与新媒体融合发展，促进融合创新的探索。

文化融入国家可持续发展的另一个重要的政策方向是积极利用文化及文化创意产业发展的手段推动落后地区的跨越式发展，让更多文化资源成为地方经济增长和社会进步的有效资源。2014年3月，文化部、财政部联合印发《藏羌彝文化产业走廊总体规划》，这是中国第一个国家层面的区域文化产业专项规划，对推进藏羌彝等民族聚居地区文化与生态、旅游的融合发展，实现区域资源保护与产业发展共荣做出了具体安排。2014年8月，文化部、财政部还联合发布了《关于推动特色文化产业发展的指导意见》，将各地独特的文化资源，通过创意转化、科技提升和市场运作，打造成为具有鲜明区域特点和民族特色的文化产品和服务。

所有上述政策措施都安排了国家财政资金的支持。文化部文化产业司配套下发了《文化产业司关于公布2015年度特色文化产业、丝绸之路文化产业和藏羌彝文化产业走廊重点项目名单的通知》。根据该通知，在2015年，有66个项目入选特色文化产业重点项目，24个项目入选为藏羌彝文化产业走廊重点项目，26个项目入选为丝绸之路文化产业重点项目。每个项目均可获得国家财政的部分资助。

类似的政策更多是支持中国西部民族地区的社会经济发展，增进中国国内各少数民族文化表现形式多样性在媒体上的表达。2012年1月至2016年9月，国家新闻出版广电总局共批准地市级以上播出机构开办少数民族语广播节目 56 套，批准地市级以上播出机构开办少数民族语言电视频道 46 套，批准少数民族地区解决县级广播电视台"空白点"问题 8 项。

经过多年持续的努力，公共广播电视村村通工程终于接近尾声。中央财政资金支持完成了全国 82 万个"盲村"覆盖建设，实现全国已通电农村广播电视村村通。2014 年，国家新闻出版广电总局和财政部启动实施公共广播电视节目无线数字化覆盖工程。"十二五"期间，中央财政支持为全国 5268 座台站配备 10536 套地面数字电视发射系统，563 座台站配备 1126 套数字音频广播发射系统，用于转播 12 套中央电视节目和 3 套中央广播节目。2016 年国家新闻出版广电总局会同发改委、财政部研究制定并推动国办印发了《关于加快推进广播电视村村通向户户通升级工作的通知》。总局还将指导各地方政府统筹无线、有线、卫星三种技术方式，向数字广播电视覆盖和入户接收的新目标推进，并逐渐实现广播电视由粗放式覆盖向精细化入户管理升级；由模拟信号覆盖向数字化清晰接收升级；由传统视听服务向多层次、个性化、多业态服务升级，力争到 2020 年基本实现数字广播电视户户通，形成覆盖城乡、便捷高效、功能完备、服务到户的新型公共广播电视覆盖服务体系。

2013 年以来，文化部会同有关部委实施了边远贫困地区及边疆民族地区人才支持计划文化工作者专项。根据该项政策措施，每年约有 1.9 万人次的文化工作者受到每年人均两万元的补贴。3 年来，该项目向民族地区选派了大批文化专业人才，也为民族地区培养了大量的文化专业人才。截至 2016 年，中央财政累计安排"三区"文化人才专项经费 11.84 亿元；项目已累计选派 47564 人到中西部"三区"县和县以下文化单位工作或提供服务，为中西部"三区"培养了 4518 名急需紧缺文化人才。连同前期所做的工作，项目连续 7 年为西藏、新疆（含新疆生产建设兵团）举办文化管理干部培训班，培训文化管理干部千余人。连续举办了三期藏、甘、青、川、滇五省藏区文化管理干部培训班。

作为 2005 年《公约》缔约方，中国迄今已向文化多样性基金捐款共 80000 美元。

六　民间社会的参与

（一）缔约方

民间社会的发育成熟会带来文化发展丰富的多样性。民间社会组织参与文化表现形式多样性保护工作有利于提高国家文化治理的活力与效率。2016 年 8 月，中共中央办公厅和国务院办公厅印发了《关于改革社会组织管理制度促进社会组织健康有序发展的意见》（简称《意见》）。该《意见》肯定各类民间社会组织，是中国社会主义现代化建设的重要力量；肯定了它们在促进经济发展、繁荣社会事业、创新社会治理、扩大对外交往等方面发挥的积极作用。《意见》认为，改革社会组织管理制度、促进社会组织健康有序发展，有利于厘清政府、市场、社会关系，完善社会主义市场经济体制；有利于改进公共服务供给方式，加强和创新社会治理；也有利于激发社会活力，增进社会的团结与和谐。

《意见》要求对在城乡社区开展为民服务、养老照护、公益慈善、文体娱乐和农村生产技术服务等活动的社区社会组织，采取降低准入门槛的办法，支持鼓励发展；希望将政府部门不宜行使、适合市场和社会提供的事务性管理工作及公共服务，通过竞争性方式交由社会组织承担；鼓励有条件的地方适当安排专项财政资金，支持社会组织参与社会服务，加强社会组织能力建设。

《意见》特别要求有关部门支持社会组织尤其是行业协会商会

在服务企业发展、规范市场秩序、开展行业自律、制定团体标准、维护会员权益、调解贸易纠纷等方面发挥作用，使之成为推动经济发展的重要力量；支持社会组织在发展公益慈善事业、繁荣科学文化、扩大就业渠道等方面发挥作用，满足人民群众多样化需求。《意见》还要求引导社会组织有序开展对外交流，参加非政府间国际组织，参与国际标准和规则制定，发挥社会组织在对外经济、文化、科技、体育、环保等交流中的辅助配合作用和在民间对外交往中的重要平台作用。《意见》的出台，显然使民间社会有了在政府与企业之间参与各项发展事业的更大空间。

志愿者是国际民间社会参与社会发展的普遍有效形式。中国政府有关部门也制定了多种政策鼓励中国的志愿者开展各类公益行动。文化部就于 2012 年印发《关于广泛开展基层文化志愿服务活动的意见》，2016 年又发出《文化部关于印发〈文化志愿服务管理办法〉的通知》。此外，文化部还编印了《文化志愿服务蓝皮书》，研究起草了公共图书馆、文化馆文化志愿服务工作规范，使文化志愿服务事业有序、规范开展。

（二）民间团体

中国社会一直有各类与政府部门合作较为密切的社会组织存在，近年来更多接近草根阶层、接近私人部门的民间社会组织在民政部门注册产生。有数据显示，至 2015 年 6 月，全国依法登记的社会组织数量达到 52 万个。至 2016 年，仅文化部业务主管的全国性社会组织就达到 130 家。但在民间社会有了较快发展的形势下，与文化多样性、文化表现形式多样性相关的社会团体及其活动并不是很活跃。这在一定程度上说明中国国内文化多样性状况总体良好，并未出现明显的危机和挑战，同时也说明文化体制改革还没有完成最终的目标，文化市场的开放程度还不够高。

在与文化表现形式多样性政策相关的社会组织中，国家或地方的社会科学研究机构及大学下属的一批"智库型"研究中心长期和实质性地参与了与2005年《公约》相关的工作，以及国内文化政策及文化多样性或文化表现形式多样性保护的研究和普及工作。中国社会科学院中国文化研究中心、中国艺术研究院文化政策中心、上海戏剧学院、云南大学东陆书院、浙江大学人文高等研究院等近年来都开展了一些与保护和促进文化表现形式多样性尤其是2005年《公约》相关的活动，包括其研究人员在2013年上海艺术节"文化多样性论坛"发表演讲，参与联合国教科文组织驻华办事处"文化的力量"系列论坛的组织工作；协助"联合国教科文组织国际创意与可持续发展中心（ICCSD）"在北京创建；以及参与本《公约》两次四年期履约报告的撰写。中欧之间的有关文化官员及文化专业人士的交流活动也都是依靠中国美术馆、北京大学、中央文化管理干部学院等文化机构的专家、学者开展的。

近年来，文化部、国家新闻出版广电总局作为国家主要文化管理部门不仅积极出台各项文化政策，还不断推动各种管理体制机制创新工作的展开。在推动国家文化创意产业发展的工作中，它们在全国命名了一大批国家级文化产业示范园区、试验园区或国家文化产业示范基地。这些园区机构为各类入驻企业尤其是小微企业或青年创业人员提供了包括法律（含知识产权保护）、金融、科技、市场信息等综合性服务。一些地方的文化主管部门目前还在尝试建立面对区域市场和本地文化企业尤其是少数民族地区创意机构的文化企业服务中心。这种中心比园区的服务范围显然要更大，同时其服务方式也更程序化、规范化。它们提供的专业服务与政府提供的行政服务、企业提供的商业服务性质不同，同时也是后两者所无法替代的。这种专业服务一视同仁地对待所有企业，因此具有明显的公共性。这样一些社会组织的出现显然对国家或地方的文化产业发展具有促进作用。

文化部全国公共文化发展中心的工作显示出另一种专业特性。它接受委托，对文化部组织实施的重大工程项目开展独立评估。例如它对文化部、财政部自 2002 年起实施的文化信息资源共享工程建设情况进行过两次全面的评估。该工程规模宏大，涉及覆盖全国城乡的六级公共数字文化服务网络，共计有 1 个国家中心，33 个省级分中心，333 个地市级支中心，2843 个市县支中心和 31377 个乡镇基层服务点；2013～2016 年，仅国家财政就向其拨款 2.52 亿元。2014 年，上述发展中心按照财政部要求，根据财政部《关于印发〈预算绩效评价共性指标体系框架〉的通知》和《财政支出绩效评价管理暂行办法》的要求，从投入、过程、产出及效果四个方面对该工程建设进行详细评估，给出综合评价 91.1 分的成绩，评分级别为"有效"。2016 年，按有关部门要求，文化信息资源共享工程再次接受绩效评价。评估结果为综合评价 93.4 分，评分级别为"有效"。

2013 年下半年，文化部全国公共文化发展中心还在内蒙古、黑龙江、云南、新疆等地启动数字文化长廊示范点建设试点工作。对该项工作，中央财政下达 1.18 亿元转移支付资金；2015 年继续下达专项转移支付资金 1.62 亿元，累计对 1050 个乡镇基层服务点的数字文化服务配置标准进行提升，建设 9086 个数字文化驿站。2015 年以来，发展中心继续支持山东、浙江、福建、江苏、辽宁等东部地区建设了一批海疆数字文化长廊示范点。未来几年，边疆万里数字文化长廊建设服务模式还将与贫困地区文化精准扶贫工作、汉藏文化交流项目、文化睦邻工程等项目结合，做更多的探索。

与上述这些较为专业也较为正式的社会组织相比，文化志愿者对文化多样性保护的参与更为广泛。为进一步支持少数民族地区及经济欠发达地区的经济与文化发展，文化部在"春雨行动"——全国文化志愿者边疆行的主题下，广泛协调国内艺术家及文化专业人士资源，到内地与边疆开展文化交流活动。同类的活动还有"大地情深"——国家艺术院团志愿服务走基层和"阳光工程"——中西部农村文化志愿服务行动计划共三项。迄今，这三项活动已累计为边疆民族地区送去 500 多个文化交流项目，举办各类演出、讲座和展览 1500 多场次，而参与文化交流的内地和边疆文化志愿者多达 15000 人，受益人口更是逾百万。截至 2015 年底，全国已有 24 个省份的 275 个地级市组建了文化志愿服务机构，在全国各级公共图书馆、文化馆、美术馆、艺术机构等注册的文化志愿服务队有 32000 多支，注册文化志愿者超过 83 万人。

七 横向问题和联合国教科文组织优先事项

中国联合国教科文组织全国委员会一直努力贯彻教科文组织的宗旨及各项主张，积极推动 2005 年《公约》在中国的实施。2013 年 5 月，全委会协助教科文组织在浙江杭州成功举办"文化：可持续发展的关键"国际会议（也被简称为"世界文化大会"）。大会正式通过了主题为"将文化置于可持续发展政策的核心地位"的《杭州宣言》。

2016 年 6 月，全委会促成了第二届联合国教科文组织创意城市北京峰会召开。本届峰会以"创意与可持续发展"为主题，探讨加强创意城市网络的合作与交流，共同应对城市面临的全球性挑战，促进文化多样性和《全球 2030 年可持续发展议程》各项目标的实现。会上还正式宣布了"联合国教科文组织国际创意与可持续发展中心（ICCSD）"的诞生。这是教科文组织在北京建立的第二个二类中心。它将致力于以创意和创意经济推动中国和世界各国的可持续发展。

会上教科文组织发布的《重塑文化政策：为发展而推动文化多样性的十年》还正式推出了中文版。中文版的出版有助于传播《公约》的精神，让中国各界更好地了解《公约》在世界各国的贯彻状况，了解各国为此采取的各种文化政策措施及有益经验，推动国内文化多样性保护工作的开展。

青年是联合国教科文组织关注的焦点之一，它曾发布并努力实施《教科文组织2014～2021年青年操作战略》。有鉴于此，全委会于2016年9月，协助教科文组织和中华人民共和国教育部在四川成都召开了"亚洲青年文明对话论坛"。来自亚太地区46个国家和地区的近两百名青年代表在论坛期间就亚洲和平发展、尊重文化多样性、促进文明间理解互信等进行了深入交流。

在中国，老龄化的问题对社会发展具有越来越大的影响。关心老年人的文化生活是各级文化部门的重要工作。2013年以来，文化部会同有关部门举办了三届"永远的辉煌"——中国老年合唱节，7000多名老年人参加了合唱活动。2015年上半年，文化部公共文化司委托有关单位开展了文化系统老年非学历教育调研工作。2015年9月，又组织召开了全国老年非学历教育工作座谈会，总结、分析了当前兴办老年大学的经验和做法，提出了今后办好老年大学的意见和举措。2015年11月，启动了全国文化系统老年大学规范化建设试点工作，支持10所试点校在硬件配备、课程设置、教材编写、远程教育等方面提高科学办学水平，为办好适应新时期老年人精神文化需求的老年大学进行了有益的探索。

八　成就、挑战、解决方案及下一步工作

（一）主要成就

2008年以来，全球经济低迷。受其影响，中国经济增幅收窄，

但中国经济保持了中高速增长，经济总量继续放大。据国家统计局统计，2015 年，中国的国内生产总值已经达到 67.67 万亿元（同比增长 6.9%，约为 2010 年的 168%）。人均 GDP 约为 49611 元（约折合为 7632 美元，为 2010 年的 163%）。2015 年全国居民人均可支配收入 21966 元（约折合 3379 美元），扣除价格因素实际同比增长 7.4%。

2010 年时，中国文化产业增加值只有 1.1 万亿元，在 GDP 中占比 2.75%；2014 年文化产业增加值达到 2.39 万亿元，比 2010 年翻了一番多，占到 GDP 的 3.76%。而这期间电影、数字出版、网络游戏等行业甚至是以 30% 以上的速度增长的，可见文化产业发展速度之快。

在全球经济不确定性较大的情况下，中国政府继续坚持改革开放的大格局、大方向不变，继续大幅减少行政审批项目，减少对市场的过多干预；并努力将相关领域的各项政策组合实施，以提升行政效率。在文化领域，中国政府努力将文化生产部门的活动整合进国家经济的整体之中，并因此促进经济总体运行可持续。政府的文化主管部门也努力与相关部门协调，做好文化发展各项工作。2014 年，文化部就牵头组建了有 25 个政府部门参加的公共文化服务体系建设协调组，以更高效地推进国家公共文化服务体系的建设。

与国家大力反腐败的环境相关，政府对于文化部门的治理趋于严格，但 2015 年仍有新增文化企业 59.27 万户，占全国当年新增企业总数的 13.35%。文化企业总数达 241 万户，占全国企业总量的 11%。文化产业中的骨干企业不断做大做强，中央和省级重点国有文化企业总资产已突破 8000 亿元。共有 52 家文化企业在 A 股市场上市，融资总额超过 500 亿元。

（二）主要挑战

中国在推动文化大发展大繁荣的同时，也意识到诸多挑战的存在：与公民参与文化生产的热情相比，国家文化市场开放领域相对不足；与国家的文化产品研发投入相比，优秀文化产品涌现的数量相对不足；与公共文化服务基础设施提供的数量相比，公民使用这些设施的积极性相对不足；与东部地区居民文化消费增长较快的势头相比，启动西部尤其是一些少数民族地区文化消费的财政引导力度相对不足；与国内文化产业增加值增长迅猛的势头相比，国际文化贸易额增长相对不足；与国家在世界各地文化投入的力度相比，所获得的文化影响力、话语权或"软实力"不足。一言以蔽之，文化产品内容及表现形式的创造力、多样性不足；国家进行文化投入的效率不足。所有这些问题与中国的特殊国情有关，归根到底是中国社会治理体系创新的步伐还不够大，进展还比较慢。

随着技术的发展，数字环境的出现也向文化政策制定部门提出了新的挑战。中国政府希望自己的科研力量能不断站上数字及网络传播技术发展的前沿，同时也能对新技术、对国家安全和公民文化认同带来的各种影响做出回应。

（三）克服挑战的设想或办法

推动中国社会发展或克服各种挑战的基本方法或经验就是改革，稳妥和渐进式的改革。与一些发达国家相比，中国在改革公共部门的体制机制、提高公共服务的质量与效率方面的任务还极为艰巨。中国的改革也不是在真空环境中进行，而只能是在复杂的全球化进程及地缘政治格局中进行。但是，中国文化尤其是汉语文化在世界上拥有最多的使用人口，对于这个文化生生不息的发展前景，中国政府和人民都有充分的自信。

（四）未来四年的计划步骤和优先次序

中国政府已经制定了《中华人民共和国国民经济和社会发展第十三个五年规划纲要》（简称《"十三五"规划》），其中对于未来 5 年的文化发展目标做了较为具体的规划。文化部也已经对该期间本部门工作的重点进行了梳理。

《"十三五"规划》将中国国内文化发展的目标及优先次序表述为："深化文化体制改革，实施重大文化工程，完善公共文化服务体系、文化产业体系、文化市场体系。推动基本公共文化服务标准化、均等化发展，引导文化资源向城乡基层倾斜，创新公共文化服务方式，保障人民基本文化权益。推动文化产业结构优化升级，发展骨干文化企业和创意文化产业，培育新型文化业态，扩大和引导文化消费。"

文化产业方面的发展目标是：加快发展各类新兴产业，大力发展内容创意，推进业态创新，推动传统产业转型升级，促进文化与科技、信息、旅游、体育、金融等融合发展。预计到 2020 年，中国文化产业将接近于形成国民经济的支柱产业。

在文化产业发展中，文化外贸会成为得到优先关注的方向：要"扩大文化产品和服务出口，加大文化领域对外投资，力争到 2020 年，培育一批具有国际竞争力的外向型文化企业，形成一批具有核心竞争力的文化产品，打造一批具有国际影响力的文化品牌，搭建若干具有较强辐射力的国际文化交易平台，使核心文化产品和服务贸易逆差状况得以扭转，对外文化贸易额在对外贸易总额中的比重大幅提高，我国文化产品和服务在国际市场的份额进一步扩大"。

公共文化服务体系的建设将与文化产业发展及现代文化市场建设同步展开。预计"到 2020 年，公共文化设施网络全面覆盖、互联互通，公共文化服务的内容和手段更加丰富，服务质量显著提升，公共文化管理、运行和保障机制进一步完善，政府、市场、社会共同参与公共文化服务体系建设的格局逐步形成，人民群众基本文化权益得到更好保障，基本公共文化服务均等化水平稳步提高"。

相信上述政策措施的实施将有力促进中国文化的发展及在其境内与境外保护和促进文化表现形式的多样性，贯彻 2005 年《公约》的精神，加强多种形式的国际文化交往，为世界和平及全球可持续发展做出中国应有的贡献。

附录1 《重塑文化政策》引言[*]

丹尼尔·克莉谢[**]

十周年纪念提供的反思及规划机会

教科文组织《保护和促进文化表现形式多样性公约》（简称《公约》）（2005 年）十周年纪念日的到来为缔约方和各非政府利益相关方提供了回顾其起源，批判性审查其相关成果，并在此基础上形成未来10 年、20 年，甚至30 年履约目标的重要机会。

---

[*] 该报告中译本已由中国社会科学院中国文化研究中心《公约》相关课题组意娜、张晓明、李河等翻译，由社会科学文献出版社 2016 年 6 月出版。《重塑文化政策》是《保护和促进文化表现形式多样性公约》机制聘请专家对其缔约方第一批四年期履约报告的评估报告。《公约》秘书克莉谢为该评估报告作了"引言"，叙述了《公约》及各缔约方履约报告的意义，也介绍了有关履约报告撰写方法的初衷及设想。我们关于中国政府及社会履行《公约》实践的报告就是在为履约报告撰写草稿的过程中产生的。为了便于中国公众对于本报告的理解，我们特将这份引言的有关部分附录于此（中译文进行了适当调整）。我们希望读者能因此更深刻地了解中国政府及社会保护和促进文化表现形式多样性实践中包含的多重关联：中国政府加入《公约》并庄重履约就是在参与全球文化多样性对话和文化治理规则制定，就是获得并不断增强在其间话语权的实践；同时也是我国政府《公约》联络点（即文化和旅游部对外联络局）与民间社会（public society）就履约报告撰写进行合作，以及民间智库发挥政策咨询功能，进而就文化治理与全球知识分子展开对话的实践。我们希望表明，履约报告的撰写不是一个单纯的理论探索和政策实践的观察、概括的过程，而是透过极为复杂的制度安排实际地推动国家及其文化现代化的努力。现在，中国政府先后两次的履约报告（按教科文组织格式）和所有缔约方的履约报告一样，已经挂在教科文组织的官方网站上了，有兴趣的读者可以上网参照浏览。

[**] 丹尼尔·克莉谢（Danielle Cliché），联合国教科文组织《保护和促进文化表现形式多样性公约》秘书。

《公约》订立十周年之际可以提到的一个问题是，履约状况是否体现了《公约》创制者的愿景。换而言之，《公约》创制者设想的积极转变是否已经实现，抑或他们根据实践调整了愿景本身？如果是，这一愿景是如何调整的？又有哪些更广泛的政治、社会经济和文化发展影响了这一转变？

新的全球履约观测系列报告尝试解决以上这些问题。本报告是系列观测报告中的第一本，将尝试基于目前所了解的情况来评估现状。报告将分享各国采取的在国内外促进文化表现形式多样性的措施的信息；将了解成果，并通过分享经验来决定如何基于履约努力来重塑文化政策。本报告也要进一步讨论重塑未来文化政策的问题，以便2017年发布第二篇观测报告时，我们能够为提出的所有问题给出进一步的答案。

起源

要想正确理解《公约》实施10年所产生的影响，我们有必要回顾《公约》的起源。

《公约》通过后发布的首篇记录其起源的著作，是由妮娜·奥布莲（Nina Obuljen）和茱斯特·斯米尔思（Joost Smiers）编辑，2006年发表于"文化链接"（Culture link）上的《教科文组织保护和促进文化表现形式多样性公约：让其发挥作用》一文。在引言部分，妮娜·奥布莲和茱斯特·斯米尔思提及当时人们的想法及推动起草《公约》的一些原因："全球文化生产、分销、展示和推广逐渐垄断化；更少的所有人主导着文化市场。与此同时，消费者在许多艺术领域的选择也变得越来越少。当受众和艺术作品购买者可获得的艺术表现形式的多样性减少时，文化生活也将遭到削弱。从人权角度来看，这并不是完善的发展。这一所有者人数与选择多样性的减少也是对民主的威胁，因为丰富多样的声音和形象对于民主话语至关重要。"

此外，在起草《公约》文书之前，不仅政府干预文化领域的程度受到激烈争论，国家采纳文化政策的主权也遭到质疑。奥布莲指出，有必要"设计新方法来为所有阶段的当代文化创作提供充分支持，包括文化产品和服务的生产、分销、消费和保护……这也是《保护和促进文化表现形式多样性公约》必须在维持现有政策之外，为寻找其他政策解决方案创造条件的原因"。

这些潜在的"其他政策解决方案"将从"文化多样性"和"文化与发展"等新概念中受益，这些新概念源自世界文化与发展委员会的工作成果及报告《我们具有创造力的多样性》。世界文化与发展委员会指出，文化多样性不仅有关个体或群体差异，同时也是一种创造力来源。因此，政府对新的实验艺术形式和表现形式的支持不应仅视为一种消费补贴，而应视为人类发展投资。

教科文组织1998年在斯德哥尔摩举办的政府间文化政策促进发展会议旨在推广世界文化与发展委员会的关键理念，其承认文化多样性可反过来推进经济、社会和人类发展进程。会上通过的《斯德哥尔摩行动计划》呼吁各国政府承认创造力对发展的重要贡献。与此同时，该行动计划还指出，文化专业人员和艺术家的作品，即文化产品和服务，具有重要的经济价值，但它们又不仅仅是可交易的商品或消费品。

世界文化与发展委员会与斯德哥尔摩会议传达的信息为教科文组织第31届大会（巴黎）通过的2001年《世界文化多样性宣言》奠定了基础。宣言指出，捍卫文化多样性是一个伦理命令，与尊重人的尊严密不可分，同时也是一种表达、创作和创新能力。宣言呼吁各国政府培育和加强在全球范围内创作和传播文化产品和服务的能力。

2005年《公约》体现了对多样性作为一种创造力来源及文化

表现能力的认识。

《公约》将文化表现形式界定为个人、群体和社会创造的具有文化内容的结果。这些表现形式体现为文化产品、服务及活动，为全球"创意经济"做出重要贡献。无论其具有多少经济价值，也无论其采用了何种创作、生产或分销手段和技术，《公约》将文化表现形式理解为身份认同、价值观和意义载体，将其与其他出售或交易的商品或消费品区分开来。

为了促进多样化的文化表现形式，《公约》呼吁缔约方努力创造环境，鼓励个人和社会群体创作、生产、传播、分销和获取它们自己的文化表现形式，以及获取世界其他国家的各种不同的文化表现形式。尽管《公约》并未列出文化表现形式或文化产品和服务清单，它们理所当然地被理解为居于文化创意产业的核心部门及子部门，它们是书籍、影片、音像制品、广播电视节目等。

在论及监测方法和手段之前，有必要认识到《保护和促进文化表现形式多样性公约》是一个国际法律的手段，为缔约方设计和实施政策设定了标准和参数。这并不意味着为全球各国制定统一的全球政策，而是鼓励政府出台可反映其保护和促进本国文化表现形式多样性的承诺的文化政策。

《公约》并不是教科文组织的独立工作成果，而是 2000~2005年全球政府机构与民间社会组织相互协商的成果。目前，有 140 个缔约方批准了《公约》（139 个国家加上欧盟）。萨摩亚在 2015 年10 月批准了《公约》，成为第一个加入缔约方的太平洋岛国。通过批准《公约》，缔约方承诺遵守人权和基本自由、平等享有文化产品和服务、确保全球文化产品和服务流动的开放性与平衡原则。缔约方也确认在国家层面制定政策措施（这些政策措施将支持创造力，为文化产品和服务进入全球市场创造机会，同时确保当地受众也可享有这些文化产品和服务）的权利和责任。《公约》认识到文化创意产业对经济和社会发展的贡献，鼓励将文化纳入国际发展援助计划中。最后，《公约》鼓励开展国际合作，促进艺术家和文化专业人员的自由流动，尤其是来自发展中国家的艺术家和文化专业人员。

《公约》承认，所有这些承诺需要采取综合政策制定方法，包括不同政府部门的参与，而不仅仅是文化相关部门。这意味着要在教育、社会事务、就业、税收、贸易和竞争、企业发展等部门间创建跨部门工作组。这并不意味着将责任从某一部门转移到另一部门，而是采用以文化为中心的政策制定方法来促进文化多样性。

这些承诺还需要制定旨在促进某一特定地区与世界其他地区文化表现形式多样性的策略。在这种情况下，结合贸易和文化问题的多边、区域和双边条约及国际合作协定和战略，不仅应侧重于通过出口驱动型战略推广文化产品和服务，还应通过进口驱动型战略，促进世界其他地区的多样性的文化表现形式在当地市场中的分销。

简而言之，《公约》呼吁实施新的文化治理制度，这一文化治理制度不仅能够通过国家干预得以实现，并有公共部门、私营部门和民间社会利益相关方的参与，还能够通过国际团结与合作来体现。这一治理制度是多层面的，并以能引导行动和政策措施为原则，从而让世界各国的文化创意产业及其子部门能够充分发挥其潜能。这一文化治理制度的运行质量与其构建同等重要，并将体现在以下几个方面：

- 公共当局与社会向文化部门赋权的政治意愿及其水平；
- 民间社会与专业运营商的参与；
- 文化部门人力和资金资源的可用度；
- 不同政府机构与利益相关方制定相关和有效的行动导向型

政策策略的能力和技能;

* 易于送达并影响治理的信息与数据的可用度。

上述讨论指向这样的思考,即《公约》是否对这些问题产生了积极的影响。这是我们继续在全球层面履约所面临的一大挑战。

观测《公约》的影响

当一项国际法律文书包含了某些义务条款、具有法律约束力的实施机制或争端解决机制时,其履行状况必然也应该是可观测的。建立观测机制的目的是,收集信息以知晓各缔约方究竟是正在采取措施落实其承诺,还是有某个缔约方仅仅批准了该项国际法律文书而未确保其实施。这一过程需要定期收集缔约方采取的政策措施相关的信息和数据、统计数据及最佳实践。同时还需要政府和民间社会组织的充分参与,尽管其对监测内容和方法可能持有不同的观点和期望。

这里的关键是要能够判定,一份国际准则性文书的基本原则和概念是如何转化为实际政策措施的;不同国家在其不同的发展阶段是如何制定其相关政策措施的;缔约方是如何在面对利益相关方的挑战找到(或未找到)政策解决方案的。下述信息的积累和传播对于目标的评估、战略性政策问题的解决、既定政策工具的完善、新措施的设计或做出满足利益相关方需求的管理决策也同样重要,例如有关知识生产、转移和吸收的周期性过程的资料。

《公约》2004 年草稿(当时的题目是《保护文化内容和艺术表现形式多样性公约》)中有一个条款提议建立全球监测平台,以收集、分析和传播与《公约》相关的政策措施的信息、统计数据和最佳实践。这一提议遭到了各国政府与民间社会组织的反对,因为建立新的行政管理结构可能需要花费高昂成本。为此,它们呼吁强化区域或国家在收集和分析相关信息和数据方面的现行机制，并促进其在国际层面上的合作。尽管这一有争议的条款被删除，但制定和共享促进文化表现形式多样性政策措施相关信息的目标并未被放弃。事实上，这一目标仍包含在最终通过的《公约》的不同条款中。最主要的是在《公约》第九条（a）中，它呼吁缔约方在向教科文组织的四年期报告中提供相关信息；另外《公约》第十九条（1）也呼吁交流、分析和传播信息，包括最佳实践。《公约》多个条款及其《操作指南》也指明了需要收集信息的相关政策措施类型。尽管《公约》并未明确具体说明观测程序，但确实为有民间社会积极参与的观测过程预留了机会。

经验表明，创建大规模的统计观测系统是一项艰巨的任务。这主要是因为文化的定义及据此收集（或不收集）的数据存在差异。因此，制定传统意义上的综合性的和可比较的统计框架从一开始便是不可行的。采用混合方法来描绘可得的信息和数据并接受其中的空白或许可帮助克服现有缺陷。另外一个重大挑战是，许多国家缺乏官方和独立文化政策信息与数据收集基础设施。

任何全球观测系统还需要能够利用来自一个国家的数据，以及来自另一个国家的案例，来评估某一共同框架下政策措施的影响。创建此类观测系统的主要目标是追求透明和参与，吸引和展示不同的观点，并促进尽可能多的利益相关方的参与。从收集的信息和数据中可得出一些对比信息，在此基础上，可提出一组新问题及观测某一时期趋势的指标。

如在"评估文化政策：一个回顾"那一章中所讨论的：多个评估文化政策和观测标准设定手段实施的模式已经出现。以下是其中一些重要的经验教训：

- 建立明确的观测目标，以及引导信息和数据定期收集的标准化问题和指标；
- 促进政府间、国家政府和民间社会部门的平等参与；

● 结合使用定性信息和定量数据方法来监测和评估那些围绕不同类型信息的标准设定条款，如叙述、法律、基础设施、政策和基本事实；

● 设计灵活的框架，考虑全球不同的政治、经济和社会现实与法律传统；

● 提供能力建设和培训机会，克服许多国家在收集信息和数据中面临的挑战；

● 创建机制，广泛传播成果，确保透明度，并鼓励利益相关方的讨论。

设计一个共享而非比较的框架

近几年来，随着新信息技术的使用，信息来源日益多样化，更多的利益相关方得以参与数据验证过程，有意义的观测活动机会也大大增加。为此，2011 年 6 月举行的缔约方大会第三次常会通过了《第九条操作指南》与《四年期报告（QPR）框架》。在决定该框架时，采用了主题方法，而非要求缔约方逐一报告所有条款。此外，框架强调四年期报告将随时间而不断演变，并承认并非所有缔约方均能够同样详细地回答所有问题。框架中达成一致意见，缔约方将报告用于履约的措施，无论这些措施是在《公约》（在其国内得到）批准之后还是在之前制定或生效的。这是考虑到并非所有国家在《公约》批准后都能马上出台相关措施。框架中决定，报告应包含定性和定量信息（包括可选统计附录），且应辅以示例，编制良好实践列表。最后，报告框架旨在为民间社会部门创造条件，方便其为促进《公约》目标而在全球层面开展活动，并推动其参与国家层面的政策设计与实施过程。在此背景下，四年期报告工作的目标是，共享信息，确认全球趋势与挑战，而不是对缔约方的履约现状进行比较和分级。

首批报告

首个四年期报告周期始于 2012 年，第二个四年期报告周期于 2016 年开始。截至 2015 年底，61% 的缔约方递交了其首批报告。这些报告由国际专家组和《公约》秘书处进行分析，并由政府间委员会在其会议上得到检查（2012 年、2013 年、2014 年 12 月）。2012～2015 年提交的首批报告提供了大量数据和信息，这些数据和信息可用于分析关键趋势，并确认各国在实施促进文化表现形式多样性政策措施中面临的主要挑战。关键趋势证实了《创意经济报告 2013（特别版）》中的结论：世界各国正采取行动支持其创意部门的发展与增长。各国已开始出台一系列新政策，尤其是发展中国家，其采取的战略越来越符合人类发展理念，无论是一致的创意经济战略还是特定部门举措。

然而，各种挑战依然存在，尤其是对于未提交报告的缔约方而言。这些缔约方未创建政府与民间社会部门之间的对话平台或相关机制比较薄弱；这一新领域的可靠信息或数据资源缺乏，且政府部门与广大公众对促进文化表现形式多样性相关的政策问题的认识不足。

为了解决这些问题，缔约方表示需要提高报告撰写能力，培育必要的人力资源和机构技能来履行其报告义务，同时促进知情、透明和参与式文化治理制度的构建，后者也是《公约》的最终目标。

观测框架与四大目标

在《公约》10 周年之际，有必要更详细地重申《公约》的指导原则和价值观。它们是：

- 在境内采取和实施促进文化表现形式多样性政策的国家主

权权利，这种权利基于知情、透明和参与式流程与治理制度；

• 对文化产品和服务之流的平等接受、开放和平衡，以及艺术家和文化专业人员的自由流动；

• 对可持续发展中经济和文化层面互补性的承认；

• 对人权和基本言论、信息和沟通自由的尊重，这是创作、分销和享有多样化文化表现形式的前提。

在本报告中，这些指导原则和价值观表现为《公约》的履约目标。报告第二章"制定观测框架"中详细阐述了在这些目标基础上制定的指标体系，以确认预期成果、关键观测领域、核心指标及验证手段。后续章节将分为四部分，每一部分均以四大目标主题相对应。①

---

① 以下介绍评估报告各章的主题，兹略。

附录2　《重塑文化政策》结语：2005年《公约》实施现状[*]

丹尼尔·克莉谢、Y. R. 伊萨[**]

本报告引言部分指明了本报告的三大目标：提升《公约》意识；促进对当前面临的挑战和机会的讨论；提出监测《公约》长期影响的方法。为此，在历史回顾章节中，瑞典文化政策活动家和学者卡尔－约翰·克莱伯格（Carl－Johan Kleberg）与瑞典文化部部长、高级顾问米凯尔·舒尔茨（Mikael Schultz）表达了他们对本报告的期望："其可能成为推进世界文化政策研究的里程碑事件。"随后，独立专家编写的十个分析章节均力求直面这一挑战，显著加强国际知识建设和共享过程，这是《公约》的核心，且在《公约》第九条和第十九条中得到明确说明。

本报告的基本内容以2011年缔约方大会上批准的四年期报告（QPR）过程为基础。每位作者都查阅了缔约方截至目前提交的71份四年期报告，以此作为其基本论据，同时也运用了作者自己的专家经验，并采用了来自其他非官方来源的数据。结语部分的目的是汇总所学到的经验教训。这里有必要概括作者提出的最重要

---

[*]　见《重塑文化政策》，社会科学文献出版社，2016。文字略有调整。

[**]　丹尼尔·克莉谢（Danielle Cliché），联合国教科文组织《保护和促进文化表现形式多样性公约》秘书；Y. R. 伊萨（Yudhishthir Raj Isar），巴黎美国大学文化政策研究教授、西悉尼大学文化和社会学院副教授。

观点。为此，我们应分析缔约方如何成功实现了引言中列出的四大目标。然而，在此之前，我们需要解决指标构建和数据收集方面的挑战。

四年期报告中反映的最突出挑战是，缺乏据以设计、实施和评估在地方、区域和国家层面确凿的政策数据。由于没有此类数据，因此很难设计出可用于评估促进文化表现形式多样性的政策措施影响的充分指标。缩小这一知识差距是海尔穆特·安海尔（Helmut K. Anheier）所要面对的挑战的核心，他在自己编写的章节中列出了可有效回答引言中提出的问题的指标框架。作者将这些问题扩展为以下四个问题：

- 《公约》是否引发了国家层面的政策变更，包括制定新的保护和促进文化表现形式多样性的政策措施，或者修改现有政策措施？

- 这些政策措施是否得到有效实施？

- 这些政策措施是否直接或间接促进文化表现形式多样性政策制定的改善？

- 这些政策措施是否带来了人类发展方面的有利成果？

这些问题的答案可为观测政策制定的主要趋势，识别积极改革和成功措施，确定优缺点，指明前进方向及促进缔约方之间的建设性讨论与交流提供基本的指标体系概念框架。带着这些问题，安海尔教授在请教秘书处及其他作者后，编制了有利于后续章节内容编写的指标框架。重要的是，安海尔教授在审查了所有现有数据来源后指出，这些数据仍不足以帮助完成构建专门的指标体系的任务。因此，有必要持续、系统地收集每个指标数据，同时评估数据覆盖范围、周期性和质量。和作者一样，我们完全清楚此类数据一时仍无法获得。然而，我们必须怀有这份希冀，这样《公约》才能够在实现前景与透明度方面均取得引人瞩目的成果。

在有关《公约》可持续发展条款的章节中，大卫·索罗斯比（David Throsby）教授也提醒我们："如果国家和次国家层面的数据收集工作无法取得显著进展，则未来的履约观测将严重受限。可靠、相关、全面的数据是追踪《公约》影响、识别其运行优缺点的关键。"索罗斯比教授还指出，通过参考教科文组织统计研究所文化统计数据框架及教科文组织文化促进发展指标，就可以规范数据收集流程。就文化创意产业而言，有必要说服国家统计机构规范和完善其国民核算和就业统计中的文化产业和文化行业分类机制，以便准确观测可持续发展政策的经济表现。为此，鼓励更多国家效仿已经开展或构想类似项目的国家，研究建立文化卫星账户核算。

接下来，我们将分析缔约方在实现《公约》四大目标中所取得的进展。

缔约方在实现这些目标方面的进展如何？取得了哪些重大成果？存在哪些持续调整及缺乏进展的领域？如引言所述，在《公约》通过十年后编制本报告只是系统观测《公约》影响的第一步。然而，收集的证据也允许我们就相关议题得出一些大体的结论，具体汇总如下。

目标1　支持可持续的文化管理制度

在过去十年间，缔约方实施了新的文化政策、措施和机制来支持多样化文化产品和服务的创作、生产、分销和享有。技术正为新的声音和人才及新形式的市民参与提供新渠道，其也重新界定价值链各环节之间的边界，同时对新政策措施的设计提出新的问题。

就作为文化表现形式多样性的重要驱动力的两大新兴政策领域（公共服务媒体和数字技术）来看，很明显需要扩大政策，甚至扩大《公约》的法律视野，以包含信息自由法、电信政策、电子商务及互联网管理等内容。

从治理制度来看，多样民间社会利益相关方参与政策设计和实施过程十分重要。民间社会的"文化监督"角色仍不足，民间社会声音的多样性也不足，这两者均有待加强。民间社会与公共部门官员需要建立合作伙伴关系，以为世界许多地区的知情政策观测和影响评估提供可靠证据。

目标 2　实现文化产品和服务的平衡流动，提高艺术家和文化专业人员的流动性

全球各国正积极采取行动来支持创意部门的发展和增长。新政策正通过行动计划、融资和新结构来设计，并由其提供支持。然而，从全球层面来看，在实现文化产品和服务平衡流动的目标上仍有很长的路要走。教科文组织统计研究所编制的新数据表明，2013 年的全球文化产品出口额达到 2128 亿美元，其中发展中国家占 46.7%。然而，如果将中国和印度剔除在外，大多数的发展中国家在文化产品出口中仅发挥着微小的作用。数据还表明，同期的文化服务出口额达到 1285 亿美元，其中包括从互联网上下载的电影、音乐或图书，舞蹈或音乐表演等。发展中国家的比重微乎其微，仅达到 1.6%！为此，在实现《公约》目标前，各国急需出台优惠待遇政策。

尽管一些国家采取了措施来放松对创意专业人员的限制，在世界某些国家中，艺术家仍无法实现自由流动。这一情况阻碍了文化产品和服务的平衡流动。为此，鼓励艺术家及其他文化专业人员，尤其是来自发展中国家的艺术家及其他文化专业人员流动的政策十分重要，因为它将帮助这些人员进入新市场，抓住合作机会。

在过去的十年间，《公约》似乎对新贸易框架和协定的实施产生了积极的影响，即随附于贸易协定的文化合作协议，承认了文

化产品和服务的特殊性，并致力于推动发展中国家的文化产品和服务进入区域和国际市场。然而，这些文化合作协议对实现全球文化产品和服务平衡流动的目标的影响尚不清楚。

目标3　将文化纳入可持续发展框架中

2005年《公约》及近期采纳的《2030年可持续发展议程》均承诺为包容性和可持续经济增长、共同繁荣与全民享有体面工作创造条件。

文化创意产业可能成为环境和文化可持续发展政策的重要驱动力。支持文化创意产业增长的政策也可能带来显著的长期社会、文化和环境效益，促进文化资源的公平分配，以及确保公平、公正和无歧视地进行文化参与。

然而，自2005年起，通过国际发展援助框架和计划为文化提供的支持有所减少，因此，这也构成了一项全球挑战。

目标4　促进人权和基本自由

支持和捍卫艺术家和文化专业人员的基本言论、信息和沟通自由是创作、分销和享有多样化文化表现形式的前提，2014年，"自由缪斯"（Freemuse）记录有237起艺术表现形式攻击案件。

艺术自由及获取艺术表现形式所面临的限制将造成重大的文化、社会和经济损失，剥夺艺术家表达和谋生手段，为参与艺术活动的人员及其受众带来不安全的环境。

尽管女性在世界大部分地区的创意产业中具有很强的代表性，其仍很少在文化组织和行业中从事许多文化职业和决策职务。因此，缔约方需要制定和实施承认、支持和促进作为文化表现形式的创作者和生产者及参与文化生活的市民的女性的新的政策和措施。

总而言之，从整体上看，缔约方的报告及本报告中的分析表明，2005年《公约》丰富了有利于文化表现形式多样性的政策制定过程，即便一些缔约方在新条约生效之前就已经制定了完善的文化政策框架。

　　本报告还表明，履约义务推动了新框架和/或机制的制定。这些成果和创新将产生很大的影响力，但仍存在不足。仍需要实现更大的进展，但这需要所有利益相关方的广泛参与和协作。此外，需要借鉴现有实践中积累的经验教训，尤其是落实数据收集和指标构建相关的建议，以便实现更有意义的观测、评价和评估。

附录3　中国保护与促进文化表现形式多样性的政策与实践（2008～2011）*

履约报告起草组

　　摘　要　中国政府充分认识到文化发展及文化多样性状况的改善对国家在全球化环境中实现可持续发展的重要性。为在国内和国际场合实施《保护和促进文化表现形式多样性公约》（简称《公约》），中国政府采取了一系列有效政策措施，进行了不少制度创新探索，也取得了不少重要的成就与进展。

　　近10年尤其是2007年以来，中国通过持续的文化体制改革进一步开放文化市场；努力做大国内文化产业；着力运用财政、金融、税收等政策工具促进文化产业部门的健康快速成长。同时，国家又通过公共文化服务体系的建设矫正市场失灵，保障社会公正，改善文化民生。国家还采取各项政策措施，保护传统文化资源，扩大国际文化交流。通过这些政策的实施，中国国内的文化凝聚力和国际影响力都在增强；国内文化多样性状况持续改善；民族文化产业的市场竞争力

---

　　* 这是起草组于2012年为《公约》初始缔约方中国政府起草的第一份四年期履约报告草稿，草稿的撰写受当时文化部外联局的支持与指导，执笔人章建刚。将本报告附录于此一是便于读者看到中国在保护和促进文化表现形式多样性方面政策的连续性；二是多少可以看到教科文组织对履约报告写作上要求的变化。与第二份履约报告草稿一样，这一报告草稿也未涉及港澳地区的状况。

不断提升。

中国政府也看到，当今世界正处在深刻发展、变革和调整时期，世界多极化、经济全球化深入发展，科学技术日新月异，文化交流更加频繁，文化在综合国力竞争中的地位和作用更加凸显。相形之下，中国国内的文化发展还不能完全适应时代的要求。中国的公共文化服务体系还不够健全，文化产业规模不大，束缚文化创造力发挥的体制机制问题尚未根本解决。中国有决心而且也有能力迎接这些挑战！

根据《公约》第9条及相应《操作指南》的要求，本报告对中国加入《公约》以来，在国家和国际层面为保护和促进文化表现形式多样性所采取的各项政策措施予以全面介绍。

一　政策措施

《公约》为在经济全球化条件下谋求发展的发展中国家提供了一件有益的政策工具。对于中国来说，保护和促进文化表现形式多样性具有三方面的意义。首先是中国自身的文化发展可以丰富全球文化多样性；其次是加强国际文化交流与合作可以促进世界各国的文化发展；最后是照顾到国内特殊群体发展其传统文化表现形式的意愿可以促进中国文化自身的繁荣。

（一）文化政策和措施

1. 总体性目标

近5年来，中国政府颁布的多个重要文件构成其宏观文化政策的主轴，包括2006年9月13日国务院办公厅印发的《国家"十一五"时期文化发展规划纲要》、2009年9月国务院发布的《文化产业振兴规划》、2009 年国务院发布的《关于进一步繁荣发展少数民族文化事业的若干意见》和在 2011 年 10 月获得通过的《中共中央关于深化文化体制改革，推动社会主义文化大发展大繁荣若干重大问题的决定》（简称《决定》）等。

2011 年 10 月，中共中央召开十七届六中全会，专题研究中国文化发展问题。30 年持续的经济增长推高了中国公民的收入水平，也大大提升了中国的国际影响力。但是中国的发展并不平衡，存在诸多结构性问题；社会的分配结构还不尽合理；文化发展相对滞后。针对这些问题，《决定》提出：要坚持有中国特色的文化发展道路，努力发展面向现代化、面向世界、面向未来的，民族的科学的大众的社会主义文化，增强国家软实力；坚持推进文化体制改革，推动文化事业全面繁荣、文化产业健康发展；坚持发展多层次、宽领域对外文化交流格局，不断增强中华文化国际影响力。

2006 年 9 月 13 日国务院办公厅印发的《国家"十一五"时期文化发展规划纲要》（简称《纲要》）对有关政策进行了细化。《纲要》专章描绘了"公共文化服务""新闻事业""文化产业""民族文化保护""对外文化交流"等发展目标。迄今，为该《纲要》所细化的一批初步目标已接近实现。

2009 年 9 月，国务院又发布了《文化产业振兴规划》（简称《规划》）。《规划》在国际金融危机的形势下从多方面对中国文化产业发展予以引导和支持。《规划》特别提到降低准入门槛，积极吸收社会资本和外资进入政策允许的文化产业领域，参与国有文化企业股份制改造，形成公有制为主体、多种所有制共同发展的文化产业格局等政策目标；承诺要加大在政府投入和税收、金融等方面的政策支持，完善法律体系，进一步规范市场秩序。《规划》出台后，各地文化产业发展明显提速。

在培育文化市场的同时，中国政府也注意加强公共文化服务体系建设。2009 年国务院《关于进一步繁荣发展少数民族文化事业的若干意见》表明，少数民族地区文化发展政策并不与其他地区文化政策形成较大差异。但不同民族语言的文化产品的互译工作应予以高度重视。国务院新闻办公室在《2009 年中国人权事业的进展》白皮书中介绍了中国少数民族文化得到多方面保护、繁荣和发展的状况。

2. 具体政策措施

在中国，当前文化的发展靠文化市场与公共文化服务两种制度予以推动和保障。

（1）文化产业政策措施

市场准入。为培育文化市场，2004 年 10 月文化部发布《关于鼓励、支持和引导非公有制经济发展文化产业的意见》，适当放宽了市场准入。2005 年 4 月，国务院发布《关于非公有资本进入文化产业的若干决定》，明确了非公有资本可以进入文化产业的领域。国务院于 2005 年 7 月制定了新的《营业性演出管理条例》，并于 2008 年 7 月对该条例部分规定做了修改，进一步扩大对港澳台的市场主体开放，并拓宽演出市场的融资渠道。这些政策对非公有资本进入文化产业进行了引导和规范。2009 年，文化部发布《关于促进民营文艺表演团体发展的若干意见》，对民营演艺团体从资金扶持、政府采购、提供演出场地和器材、简化审批手续、人才培养和表彰奖励等方面予以政策支持。

为按照加入世贸组织承诺做好引进外资工作，文化部与有关部门联合下发相关文件，允许外商以独资或合资、合作的方式设立有关企业。在一定条件下，允许外商以合资、合作的方式设立出版物印刷和只读类光盘复制等企业。在不损害中国审查音像制品内容的权利的情况下，允许外商以合作且中方占有主导地位的方式设立除电影之外的音像制品分销企业。为了加强对美术品进出口经营活动、商业性美术品展览活动的管理，2009 年 6 月还下发了《文化部、海关总署关于印发〈美术品进出口管理暂行规定〉的通知》。2007～2010 年，中国共引进出版物成品图书 2982414 种、期刊 222608 种、报纸 4977 种、音像制品 46651 种、电子出版物 8160 种；版权引进图书 52669 项、音像制品 1961 项、电子出版物 382 项。

中国遵守加入世界贸易组织时所做的承诺，每年进口 20 部分账影片。2007 年，分账影片票房收益合计 11.7 亿元人民币。2011 年，全国电影总票房收入 131.14 亿元，其中，国产影片票房收入 70.31 亿元，进口影片票房收入 60.83 亿元。

文化原创。为增加文化原创作品供给，2002 年 8 月文化部和财政部联合制定了《国家舞台艺术精品工程实施方案》；2002～2007 年实施该项目一期工程，5 年内共推出不同艺术门类的 50 台优秀精品剧目。在该项目上国家每年投入达 4000 万元。2008 年底，文化部、财政部开始实施国家舞台艺术精品二期工程。几年来又评选、资助了 20 台优秀剧目。

为推动民族音乐的繁荣发展，文化部自 2010 年起实施"中国民族音乐发展和扶持工程"。国家财政每年投入 600 万元，通过多种方式，让民族音乐焕发蓬勃生机。为丰富国家美术收藏，文化部和财政部于 2004 年设立专项资金，用于对优秀美术作品的收藏和捐赠奖励，迄今已累计投入 1.5 亿元，共完成逾万件优秀美术作品的国家收藏。

对于动漫等相对弱小的文化产业，中国予以政策和资金方面的扶持。2006 年，国务院转发了财政部等 10 部门联合制定的《关于推动我国动漫产业发展的若干意见》。2008 年 8 月，文化部又颁布《关于扶持我国动漫产业发展的若干意见》。在相关政策引导下，到 2010 年，中国动画片创作生产数量达到 22 万分钟，比 2009 年增长 30%；网络游戏市场规模达 349 亿元，比 2009 年增长 35.3%。

金融支持。文化产业小微企业多、项目风险较高。为此，2008 年以来，文化部先后与中国银行、中国工商银行等多家银行签订了《支持文化产业发展战略合作协议》。根据合作协议，文化部已经向各家合作银行推荐了 100 多个文化产业申贷项目。2010 年 4 月，文化部、中国人民银行、银监会、证监会和保监会等部门联合发布了《关于金融支持文化产业振兴和发展繁荣的指导意见》，明确了金融业支持文化产业的方法、途径、步骤和手段，为解决文化企业融资问题创造有利条件。

传播与销售。为推动文化产品与服务的传播与销售，文化部、商务部、国家新闻出版广电总局、国家新闻出版总署等部门深度参与主办中国（深圳）国际文化产业博览交易会（以下简称文博会）。为提升文博会国际化水平，主办方邀请德国贝塔斯曼集团、英国创意产业企业等国际知名企业参会，为中外文化企业合作搭建平台。

为推动中国图书国际贸易的发展，国家新闻出版总署实施了"中国图书对外推广计划"，至今已有 1496 种图书在海外出版。为将中国出版物推向国外主流营销渠道，新闻出版总署还在 2010 年启动"中国出版物国际营销渠道拓展工程"。近年来总署除了组织国内出版商以主宾国身份参加俄罗斯莫斯科、韩国首尔、德国法兰克福、希腊萨洛尼卡、埃及开罗等国际书展，还每年举办和组织参加各类国际书展达 40 多个，其中北京国际图书博览会已跻身世界四大书展行列。

在上述政策支持下，中国出版业对外贸易发展态势良好。首先是版权贸易逆差不断缩小。2009 年版权输出总量比 2005 年时增

长 275%，版权引进输出比从 7.2∶1 缩小至 2.9∶1；同时图书版权
输出结构不断优化，数字出版产品出口势头强劲。2006～2010 年，
中国一批自主研发的网络游戏进入海外市场，2010 年出口额突破 2
亿美元；期刊数据库的海外付费下载收入近千万美元；电子书海
外销售收入达 5000 万元人民币。

法律调整。为适应国内出版产业发展及国际图书贸易的需要，
适应加入《公约》的新形势，2010 年 2 月，全国人大常委会对
《中华人民共和国著作权法》的有关规定做了修改；2011 年 3 月，
国务院对《出版管理条例》和《音像制品管理条例》做了修改。

2008 年以来，新制定的规章有《音像制品制作管理办法》
（2008 年 2 月）、《电子出版物出版管理规定》（2008 年 2 月）、《图
书出版管理规定》（2008 年 2 月）、《复制管理办法》（2009 年 6
月）、《出版物市场管理规定》（2011 年 3 月）、《音像制品进口管理
办法》（2011 年 4 月）等。目前中国正在制定《电影产业促进法》。

在国家各项政策以及 2006 年新闻出版总署制定的《新闻出版
业"十一五"时期发展规划》的指导下，中国各类出版物品种和
数量连续 3 年创历史最高水平。2010 年，新闻出版业总产出达
1.27 万亿元，增加值占国内文化产业核心层增加值的 60% 以上。
目前，中国的日报总发行量居世界第一位，在世界日报发行量 100
强中中国占 25 席；中国图书出版品种和总印数居世界第一位，在 5
年累计发行 2000 万册以上的 10 种图书中，中国有 3 种。2006～2010
年，中国累计生产图书 138.6 万种 339.7 亿册，比前 5 年翻一番。
中国新闻记者遍布全球各地，每天与 170 多个国家和地区交换新
闻。2011 年，中国有 49 部影片在 17 个电影节上映，52 部国产影
片销往 22 个国家和地区。

2008 年 6 月，国务院发布了《国家知识产权战略纲要》。纲要
明确提出要建立健全对传统知识的保护制度。国家知识产权局为

此在同年发布了《国家传统知识知识产权保护试点工作方案（试行）》，并开始启动传统知识知识产权保护试点工作，分 3 批陆续批准了 17 个县（市、区）进行传统知识知识产权保护试点。

自 2006 年以来，中国政府先后共六次取消和下放了多项文化市场项目的行政审批权限，为文化企业发展壮大创造了良好的政策环境。

（2）公共文化服务政策措施

公共服务是对市场经济的必要补充。近年来，国家财政不断加大对文化发展的投入。2005～2011 年，中央财政对文化部财政拨款累计投入达 215 亿元，组织实施了包括非物质文化遗产保护、全国文化信息资源共享工程等在内的一大批重大文化项目。2005～2011 年中央财政转移支付累计投入达 178 亿元，组织实施了一批重大文化项目。投入增加后，中国的公共文化服务水平在逐渐提高。例如公共图书馆的人均藏书数在 2006 年是 0.39 册，现已达到 0.49 册。与此同时，中央财政还不断加大文化基础设施建设力度。自 2005 年以来，国家大剧院、梅兰芳大剧院、国家图书馆二期、国家博物馆改扩建、国家话剧院剧场等一批重点文化设施建设项目相继建成，其总建筑面积为 47 万平方米，概算总投资 74 亿元。这些新的文化设施已经成为展示国家文化发展成就的重要窗口和首都新的文化地标。

近年来，中国政府大力推进各公共博物馆、图书馆的免费开放。到 2010 年底，已有 1700 余家国有博物馆实现了免费开放。到 2015 年，全国免费开放博物馆、纪念馆总数将达到 2500 个，年接待观众将达到 5 亿人次。为此中央财政每年的专项投入达 20 亿元。到 2015 年，还会有一批民营博物馆加入免费开放行列，并享受国家相关政策支持。2010 年，国家财政为图书馆免费开放提供的补贴也达到 20 亿元。

对农村地区的公共文化服务是减贫扶贫、促进发展的有效措施之一。近年来着力推进的公共文化服务项目被概括地称为五大文化惠民重点工程，重点向农村及偏远中西部地区倾斜。它们分别是：广播电视村村通工程、社区和乡镇综合文化站建设工程、全国文化信息资源共享工程、农村电影放映工程和农家书屋工程。

（二）国际合作和优惠待遇

当前，中国政府特别希望开展多渠道多形式多层次对外文化交流，并与世界各国一道，共同维护文化多样性。2004～2008年，中国核心文化产品出口年均增长24%，超过货物贸易平均增速近7个百分点，2009年出口总额达109亿美元。演艺、网游、动漫产品的国际市场竞争力逐步增强。2009年共有170个演艺产品项目出国（出境）商演；演出总场次约16000场，观众约1660万人次；出口总收入达8000多万元人民币。2010年，中国动漫产业出口收入约8亿元人民币。

作为发展中国家，中国加快了广播影视国际传播进程。在电视方面，中央电视台初步形成以英语频道覆盖全球为主，西班牙语、法语、阿拉伯语、俄语4个国际频道区域覆盖为辅的国际频道海外落地大格局。在广播方面，中国国际广播电台境外整频率电台数量居世界第二位。在视听新媒体方面，中国网络电视台（CNTV）大力推进以视听互动为核心、融网络特色与电视特色于一体的全球化、多语种、多终端网络视频公共服务平台建设。中国国际广播电台新媒体平台"国际在线"（CRI Online）语种规模达61种，开创与北欧、北美合作伙伴远程视频编务会并实现常态运行，建立境外本土化节目远程管理机制，探索境外业务远程管理新模式。

中国政府一贯重视文化间的交流合作。截至目前，中国已同

145 个国家签订了政府间文化合作协定和近 800 个年度文化交流执行计划；与上千个文化组织保持密切的合作关系；与 120 个国家结成 1500 对友好省州和友好城市关系；与 148 个国家的 458 个民间团体和组织建立友好合作关系。据不完全统计，2006 年至今，仅文化部直接参与举办的大型"文化年""文化节"就达 30 多项。

近年来，中国政府积极开展对外文化援助，不断加大援助经费投入，使援助的形式多样化。目前，文化部经办的对外援助的形式主要包括物资援助、服务性援助和人力资源培训三大类。近年来，文化部还分别根据亚洲地区文化发展新情况以及中非合作论坛北京峰会《北京行动计划》等要求，实施了"10＋3 文化人力资源开发合作培训班"和"非洲文化人士访问计划"等项目。

商务部也实施了部分对外文化援助项目，主要涉及各类大型公共文化基础设施建设。2007～2010 年，中国对外建成文化类援助项目共计 17 个，占同期援外项目总数的 8.5%。商务部方面还举办了 28 期文化类援外培训班，主要集中在汉语、杂技、文物修复等领域，共培训 588 人。

与此同时，中国也接受世界其他国家的文化援助。2007～2010 年，中国接受用于文化领域的无偿援助净值（不含财政合作及其项下赠款）共计 366 万美元，主要用于文物保护特别是西藏的文化、文物保护。

（三）将文化纳入可持续发展政策

近年来中国政府一直强调经济、社会、政治、文化、生态各方面的协调发展；强调文化发展要与其他相关行业的发展相互融合。为推动文化发展与旅游的结合，2009 年 8 月文化部和国家旅游局联合发布了《关于促进文化与旅游结合发展的指导意见》。

国家不断完善网络基础设施建设，积极推动信息产业的发展。

近年来工业和信息化部一直努力推动"村村通电话"工程。据统计，截至 2011 年底，全国通电话的行政村比例达到 100%，自然村比例达到 94.6%；全国能上网的乡镇达 100%，通宽带的行政村比例达到 84%。截至 2010 年底，中国的通信光缆线路总长已达 996.2 万公里；国际业务出口总带宽已达 1.6Tbps；累计建成 3G 基站 62 万个，3G 网络已基本覆盖全部地市、县城和主要乡镇。

中国目前有视力残疾者 1233 万，占全国残疾人总数的 14.86%；另外还有 458 万是带有视力残疾的多重残疾人。中国政府高度重视盲人文化事业，设立专门的盲文出版社，提供丰富多样的盲文读物。2006 年以来，中国盲文出版社为全国盲人出版了各类盲文图书 2215 种，其中各类盲文教材教辅图书 575 种；还出版了各类盲人有声读物 815 种、大字本图书 50 种。在中国政府高度重视和大力支持下，总面积 2.8 万平方米的中国盲文图书馆（中国视障文化资讯服务中心）新楼已经落成投入使用。

（四）保护受威胁的文化表现形式

中国了解经济全球化对文化多样性具有某些负面影响：经济发展滞后尤其是文化产业不够强大的国家其文化表达受到抑制；社会中相对弱小群体的文化表达在市场竞争中会处于劣势。因此中国政府特别强调对传统文化尤其是某些特殊群体的传统文化表现形式予以特殊的政策保护，希望这些群体能将自身文化蕴含的美好价值带入未来，发扬光大。

在快速现代化过程中，中国传统文化艺术的传承变得困难，年轻人对传统艺术缺少接触的机会与兴趣。为支持民间演艺团体的传承努力，保护其演艺活动的合法权益，文化部在 2006 年就下发《关于完善审批管理促进演出市场健康发展的通知》，允许从事京剧、昆曲、曲艺、木偶剧、皮影戏和民族民间音乐舞蹈艺术表演的民办文艺表演团体作为民办非企业单位向文化主管部门申领营业性演出许可证。

2005 年，文化部与财政部共同制定政策对京剧和昆曲进行扶持。两部门在全国范围内确定了 11 个国家重点京剧院团和 17 个省级重点京剧院团作为重点扶持对象。5 年来，11 个国家重点京剧院团共创作新剧目 76 台；整理改编传统剧目 266 台。11 个国家重点京剧院团也努力开拓市场，共演出 13930 余场。从 2011 年起，该项目进入第二期。2006～2010 年，中央财政共投入专项资金 5000 万元，在剧目生产、人才培养、对外文化交流、京剧进校园四个方面对 11 个国家重点京剧院团进行全面扶持。

与传统汉族民间文化传承在现代化过程中所遇到的困难相比，偏远地区的少数民族的传统文化艺术传承遇到的困难更大。因此，中国政府在公共文化服务方面的有关政策均有意识地向西部和少数民族地区倾斜。2009 年，国务院颁布《关于进一步繁荣发展少数民族文化事业的若干意见》，明确要求"尊重、继承和弘扬少数民族优秀传统文化"，"使各民族饮食习惯、衣着服饰、建筑风格、生产方式、技术技艺、文学艺术、宗教信仰、节日风俗等，得到切实尊重、保护和传承"。2011 年 2 月 25 日正式通过的《中华人民共和国非物质文化遗产法》中明确规定，"国家扶持民族地区、边远地区、贫困地区的非物质文化遗产保护、保存工作"。

自 2008 年起，文化部、财政部连续三年对乡镇综合文化站设备购置进行补助。其中为西部少数民族地区安排乡镇文化站设备购置专项资金 37048 万元，对已建成且达标的 4676 个乡镇综合文化站配备文化信息资源共享工程设备和开展文化活动所必需的设备器材。为切实解决中西部尤其是民族地区县级图书馆、文化馆设施设备落后问题，中央财政从 2009 年开始，对全国面积不达标的县级"两馆"进行修缮。截至 2010 年底，中央财政安排专项资金 17584 万元，补贴西部少数民族地区 114 个县级图书馆、286 个县级文化馆进行修缮。

少数民族文化传承所遇到的最大困难表现在民族语言的使用和传播方面。中国政府在少数民族语言传承、翻译方面做出了巨大的努力。这些努力既着眼于少数民族语言在当地的传承，也着眼于少数民族文献、节目与汉语文献、节目的互译。

全国文化信息资源共享工程已在新疆、西藏等 8 个民族省区建设了 61778 个各级中心和基层服务点。该工程建立了少数民族语专题资源库，其中维吾尔语、朝鲜语、蒙古语、藏语 4 种少数民族视频节目 3510 部，1956 个小时；维吾尔语节目《中国维吾尔麦西莱甫》，时长达 1860 分钟。

近年来，国家新闻出版广电总局针对少数民族广播影视发展的特殊性和存在的困难，采取了多项政策措施，"加强民族地方自治区域的公共文化服务体系建设"，如支持尚未设立电台、电视台的民族地区县（市）设立广播电视播出机构；批准开办少数民族语言广播播出机构等。国家新闻出版广电总局电影局在"青年导演创作资助计划"和"扶持青年优秀电影剧作计划"中，资助、扶持了多名少数民族电影导演、编剧。

新闻出版总署也在支持民族语言文字出版方面采取了多项政策措施，如设立民族文字出版专项资金，加大对民族文字出版事业的扶持力度。自 2007 年来，中央财政每年安排专项资金 3000 万元，共资助实施 160 多个项目；支持出版 600 多种民族文字出版物；支持近 50 家民族文字出版单位实施技术改造和设备更新。2011 年民族文字出版专项资金规模增加到 6000 万元。在有关政策扶持下，中国民族文字出版物的品种大幅增加，2009 年民族文字图书品种比 2006 年增长了 44%，达到 8800 多种。

二　民间社会的认知与参与

近年来，中国的民间社会发育较为迅速。在文化发展包括文化多样性保护过程中，民间社会的作用不能忽视。

（一）政府方面

加入《公约》之后，中国政府开展各种活动对《公约》的精神进行宣传，提高公众对它的认知。文化部外联局出版了《联合国教科文组织保护世界文化公约选编》（中英对照），将 2005 年《公约》与此前通过的《保护非物质文化遗产公约》、《保护世界文化和自然遗产公约》及《世界文化多样性宣言》结集成册，以利公众了解比对。从 2006 年至今，文化部举办过多项"文化年""文化节"活动，通过演出、论坛等形式扩大公民对《公约》的了解。

在改革开放过程中，中国政府在 20 世纪 90 年代就出台政策，允许中国公民举办各种民办非营利机构（"民办非企业"）。目前中国依据文化部 2004 年制定的《文化部社会团体管理暂行办法》，鼓励、规范公民参与公共文化服务，如开办各类博物馆、培训或研究机构、文献收集整理借阅机构、传统艺术遗产保护机构等。现在这一类的组织在全国有上万家。仅仅是文化类基金会总数就已超过 200 家。其中，文化类公募基金会有 117 家，文化类非公募基金会有 139 家。这些组织在文化多样性保护方面都做出了各自的贡献。政府在开放文化类民办非营利机构登记以后，还对其加强管理，并对其开展的有益活动予以鼓励、表彰。2011 年 2 月 22 日，新疆维吾尔自治区文化厅就授予"晨报艺术团"等 15 家分布在天山南北的"文化类民办非企业"先进单位称号，并予以表彰。

5月21日，文化部和陕西省人民政府在西安共同举办"第二届全国民办博物馆藏品博览会"总结表彰大会，"十佳参展单位"从来自全国31个省份及海外的数百家民办博物馆中脱颖而出，受到表彰奖励。

政府有关部门也注意倾听来自民间社会的学者、专家的意见，还与有重大社会影响的科研部门合作，举办各种文化交流活动。2010年10月，文化部与中国艺术研究院合作，在美国举办第二届中美文化论坛；2011年6月，文化部又与中国社会科学院合作，在北京举办了第二届中欧文化高峰论坛。中国文化产业主管部门高度重视听取吸收业内专家和社会各界意见，在国内一流高校设立了多家国家文化产业创新与发展研究基地，为国家文化产业政策制定工作提供决策咨询和理论支撑。

政府要求文学艺术家能够经常到基层社会去，面对面地向公众提供高质量的文化产品与服务。2010年起文化部等部门共同组织开展了"春雨工程"。活动开展两年来，共有13个省份和单位组成17支志愿团，招募1000多名文化志愿者，为新疆、西藏等7个边疆民族省（区）提供文化志愿服务。志愿者们行程10多万公里，走进60多个县、100多个乡村社区，先后组织文艺演出200多场，业务培训700多学时，文化展览230多天，惠及群众数十万人次。

而在非物质文化遗产的保护工作中，政府会向民间艺人提供一定数量的补贴，保障他们开展传统技艺的传承活动。

（二）民间社会方面

通过各种论坛及媒体的报道，中国公民对文化多样性及其保护问题不再陌生。关于文化多样性的学术探讨也开始出现在各学术期刊之上，拓宽了国家文化政策研究的视野。一些重要的大学或学术机构开始与国际同行展开对话。2008 年 10 月，中国艺术研究院和法兰西学院艺术院在中国广西桂林联合主办"中法保护世界文化多样性高层论坛"。自 2008 年起，中国艺术研究院还和欧盟文化中心合作组织（EUNIC）联合举办中欧文化对话，迄今已先后在中国北京、丹麦哥本哈根、中国上海和卢森堡连续举办了4 届。

2010 年 11 月，在第四届中国国际文化产业论坛上，中国的民间社会组织——中华文化促进会、中国社会科学院文化研究中心，清华大学国家文化产业研究中心与国外的民间社会团体，包括国际文化多样性网络（INCD）、世界对话交流协会在内的十大国内外机构联合发起成立"世界文化多样性论坛"，并希望论坛能尽快在北京举行。论坛的中方发起单位正积极努力，使地方政府和私人部门也能参与到这个论坛的工作中来。

民间社会组织的成长是进入 21 世纪中国社会发展的一个显著趋势。"文化类民办非企业"机构的增加是其重要的组成部分。这些机构中有相当一部分从事着各类文化遗产的挖掘、保护、整理和传播、展示的工作。仅截至 2009 年 8 月，各地文物部门登记注册的民办博物馆就达到 386 个，占全国博物馆总数的 13.3%。迄今这个数字还在增加。

为促进民办博物馆事业的健康发展，2010 年 4 月，"2010 民办博物馆发展论坛"在西安举行，并最终形成了《西安宣言》。宣言强调"（民间博物馆）全部藏品都是中华民族共有的遗产、全社会共享的财富……民办博物馆致力于报答五千年中华文明的慷慨赐予，致力于回馈社会，致力于将分散秘传的个人收藏，转化为全民共享的博物馆馆藏。"

民办非企业单位（grassroots non - profit organization）北京文化遗产保护中心是 2003 年在北京市民政局登记注册的，宗旨是帮助居民保护自己的文化遗产。而民族文化保护与发展公益项目"世界看见"是 2009 年由著名音乐艺术家朱哲琴与联合国开发计划署共同发起的，旨在推动中国文化传承与发展，推动民族民间艺术，推动"中国创造"。

中国的民间社会组织也与联合国系统、全球民间社会展开合作，共同推进文化遗产及文化多样性保护。2008～2011 年，在联合国千年发展目标基金支持下，中国工艺美术协会、云南和贵州省工艺美术行业协会等机构与联合国教科文组织驻华代表处合作，在云南陇川县和贵州雷山县协调开展了"中国文化与发展伙伴关系项目"——"中国少数民族参与式手工艺调查与基线调查"。

互联网的兴起为全球民间社会组织的发展提供了良好的交往条件。近年来，中国出现了不少文化类专题网站。"微博"技术的商业应用更是使公众间的信息传递和思想交流变得便捷。它们也使民间社会组织与政府部门的沟通、互动变得容易。

三　实施《公约》过程中取得的主要成果和挑战

中国的现代化进程正在加速。在这个过程中，中国政府意识到文化建设对于整个国家发展的重要性、必要性和紧迫性。中国的发展依靠改革和开放。几十年的对外开放使中国逐渐增强了参与国际竞争的勇气和自信，也体会到坚持文明间不间断对话的重要性与必要性。因此中国政府赞成《公约》对全球化进程所做的判断（"序言"第 19 款）。中国一直把《公约》的实施与自身的文化发展看作同一进程。

中国在努力探索文化发展的道路。近 10 年来，中国国内的文化发展局面逐步拓展。文化市场提供了越来越多的优质文化产品；更多中国艺术家、媒体走向世界；也有更多世界各国的艺术产品与服务进入中国，丰富了中国人民的精神生活。所有这些都可以视为中国在保护和促进文化多样性方面，尤其体现《公约》第一条目标（七）的精神所做出的努力。

经过持续的文化体制改革，中国的文化市场已经打开了大门；国有文化企业为主体、不同所有制的文化企业有序参与的格局开始形成。通过一系列文化产业政策的贯彻，中国的文化产业快速起步，产业门类越来越齐全，对国民经济的贡献率也越来越高。2010年，中国文化产业增加值达11052亿元，占同期GDP的2.75%。2006～2010年中国文化产业增加值平均增速高于同期国内生产总值的平均增速。2010年，中国核心文化产品进口额达到27.18亿美元。在文化产业发展过程中，一些地方政府认识到文化产业的发展与许多传统产业的转型升级具有内在关联。时尚设计、工业设计与建筑设计正在成为文化创意产业的组成部分；依靠文化内涵的挖掘，更多新的旅游景观被打造出来。

近5年，国家财政有意识地提高了对文化特别是公共文化服务的投入，增幅大大超过GDP的增幅，使其在国家财政中的占比有显著提高。通过一系列公共文化服务政策的实施，国家公共文化服务体系渐具雏形，到2010年底已基本实现县县有文化馆、图书馆，乡乡有综合性文化站的目标。各大中城市中的公共图书馆、文化馆、（非遗址类）博物馆、美术馆绝大部分已实现了对公众免费开放。

中国的发展存在区域间不平衡的状况，一些地方经济发展的滞后也直接带来当地文化生产和消费的低迷。通过差异性公共文化服务政策及相应的转移支付措施，中国政府近年来特别注意改善中西部地区居民的文化生产与消费的条件。与5年前相比，这些地区的文化产业发展及公共文化产品消费都有了明显的改善。截至2010年底，全国少数民族地区共有艺术表演团体806个、艺术表演场所 177 个、图书馆 636 个、文化馆 776 个、文化站 7842 个、博物馆 344 个。民族地区初步实现省、市、地、县、乡五级文化设施网络。除了与旅游开发相结合，东西部不同省份间开展对口支援是中国政府所积极倡导的。东部省份对西部地区的援建项目不仅包括各类学校，也包括影剧院、图书馆等各类公共文化服务基础设施。

中国努力促进世界对中国及中国文化的了解，迄今已在世界各地开办了 350 多家孔子学院传授汉语，在世界各主要国家的首都开办了 9 处中国文化中心，向各国公众介绍悠久中国文化的辉煌成就。中国的电视节目已经在世界各大洲、各主要国家、各大都市落地。中国的版权输出总量在近 5 年里有近 3 倍的增长，并有 1500 多种图书在海外出版。

尽管中国的文化发展取得了一定的成就，但它也面临着广泛而深刻的变革，面临着一系列新境遇新问题。中国文化发展同经济社会发展和公民日益增长的精神文化需求还不完全适应，例如公共媒体的价值引领作用发挥不足；有影响的力作不多，公共政策对原创的支持明显不够；公共文化服务体系还不够健全，城乡、区域文化发展不均衡；束缚文化生产力发展的体制机制问题尚未根本解决，等等。这些都是中国政府在推动国家文化发展时所遇到的严峻挑战。

挑战又是很具体的。保护和促进文化多样性最终是要强化文化间的对话与交往。而文化交往的直接障碍是语言间的差异，无论是在国与国之间，还是在国内的不同民族间。多种语言能力的培养无疑会提高人的生活质量，但同时也增加了生活的成本。如何使人更容易地突破语言障碍，如何能够提高语言教育的质量和效率，这是一项极为紧迫也极具挑战性的任务。总之中国仍然是一个发展中国家，中国的文化发展更是相对缓慢。中国政府深感促进文化发展之不易、激发民族创造性之不易、实现传统文化的现代化转型之不易、推动国内文化体制改革之不易，以及在国际场合开展建设性文明对话之不易。我们要以百折不回、坚忍不拔的精神应对这些挑战。

中国政府已经有了足够的文化自觉与自信。中国将正面迎接所有这些挑战。中国政府已经宣示了自己和平发展的理念。中国的和平发展是立足于国内自主发展的，要让全体中国人民普遍分享改革开放和经济增长的成果，通过社会公正的实现更好地激发中国人民的创造性，通过创新增强中国企业的竞争力和中国经济的更大活力。这时中国的发展同时就会带来文化的繁荣与发展。中国的和平发展也是诉诸国际合作的。我们相信合作可以带来共赢。合作的基础是互信，互信来自对话与沟通，而文化交流就是最具善意的沟通。中国不仅希望看到一个文化多样性更丰饶的世界，也希望看到一个更宽容、更少偏见、更多公正的世界。

历史是无法重复的。中国在全球化的格局下和平发展、中国文化对世界的影响取决于它对国际新秩序的创造性构想，取决于每个中国公民身上的创造性的发挥，也取决于它与世界各种文化的深层理解和融合。语言、艺术与文化的充分交流是将这些构想变为现实的基本方式和华美前奏。所有这一切，都是观念和现实的汇通，都是挑战与机遇的碰撞。因此对中国来说，文化发展就是对文化多样性的促进和保护；当前中国的文化多样性政策趋势仍将是促进发展、保护资源、注重均衡。

图书在版编目（CIP）数据

全球文化发展观察. 2018. 中国保护和促进文化表现
形式多样性的政策与实践：2012－2015／中国社会科学
院中国文化研究中心主编；履约报告起草组著. -- 北京：
社会科学文献出版社，2019.12
　ISBN 978 － 7 － 5201 － 5699 － 8

　Ⅰ. ①全…　Ⅱ. ①中…　②履…　Ⅲ. ①文化发展－研
究报告－世界－2018　Ⅳ. ①G11

　中国版本图书馆 CIP 数据核字（2019）第 261361 号

全球文化发展观察（2018）
中国保护和促进文化表现形式多样性的政策与实践(2012～2015)

主　　编／中国社会科学院中国文化研究中心
执行主编／章建刚
著　　者／履约报告起草组

出 版 人／谢寿光
责任编辑／张　超

出　　版／社会科学文献出版社·皮书出版分社（010）59367127
　　　　　地址：北京市北三环中路甲 29 号院华龙大厦　邮编：100029
　　　　　网址：www. ssap. com. cn
发　　行／市场营销中心（010）59367081　59367083
印　　装／三河市东方印刷有限公司

规　　格／开 本：787mm×1092mm　1/16
　　　　　印 张：4.5　字 数：56 千字
版　　次／2019 年 12 月第 1 版　2019 年 12 月第 1 次印刷
书　　号／ISBN 978 － 7 － 5201 － 5699 － 8
定　　价／98.00 元（全四册）

全球文化发展观察（2018）

主　　编：中国社会科学院中国文化研究中心
执行主编：章建刚

西方多元文化主义反思
—— 对西方右翼民粹主义政治思潮崛起之因的哲学探源

Reflection on the Multiculturalism in the West:
Philosophical Exploration of the Rise of
the Right Populist Political Trends

周穗明／著

社会科学文献出版社
SOCIAL SCIENCES ACADEMIC PRESS (CHINA)

作者简介

    周穗明 博士，中国社会科学院哲学研究所研究员，国务院政府特殊津贴专家，中山大学等 7 所高等院校客座教授。发表、出版《20 世纪西方新马克思主义发展史》（上下册）、《当代西方政治哲学》等逾 300 部（篇）专著、译著、论文等。

目　录

西方多元文化主义反思

——对西方右翼民粹主义政治思潮崛起之因的哲学探源

中美贸易摩擦全面爆发，标志着 2016 年以来以英国脱欧、美国大选为特征的西方右翼民粹主义政治浪潮终于演化为极端的经济政策和政治现实。极化的经济政治恶果无疑是极化的意识形态的产物。而极化的意识形态有其极化的文化根源和价值基础。

密纳发的猫头鹰是要到黄昏才起飞的。哲学文化的反思总是相对滞后于现实。追本溯源，滥觞于 20 世纪 60 年代、泛滥欧美 50 年的多元文化主义政治哲学思潮对今天极化的西方意识形态对立难辞其咎。现在是全面检讨和反思多元文化主义的时候了。

什么是多元文化主义？它在 50 年的演变中曾经怎样影响社会发展？它又是怎样历经了从左翼民粹主义到右翼民粹主义的理论资源的重大转变？

一　多元文化主义理论概述

严格的概念意义上的多元文化主义（multiculturalism），是在加拿大和美国首先兴起的、伴随着 20 世纪后期全球化浪潮勃发的一种政治哲学思潮。多元文化主义要求在承认并尊重差异的基础上，保护黑人、妇女、穷人、残疾人和同性恋等少数或弱势的多元文化群体的平等权利和地位，并承认其价值。作为一种为少数族群争取权益和文化地位的理论，其核心诉求是族群之间的价值平等，其理论核心是平等的政治理念。

与自由主义、共同体主义等源远流长的传统政治哲学不同，多元文化主义属于 20 世纪下半叶新生的政治哲学思想。它有三种主要形式：以查尔斯·泰勒（Charles Taylor）为代表的共同体主义的多元文化主义；以威尔·金里卡（Will Kymlicka）为代表的自由主义的多元文化主义；以艾利斯·马瑞恩·杨（Iris Marion Young）为代表的批判的多元文化主义（critical multiculturalism）。金里卡、泰勒和马瑞恩·杨尽管具体观点不同，但他们的共同点是坚持以社会平等和公正为方向的当代多元文化主义基本理念，主张尊重差异，保护弱势群体，进而追求多元文化平等共存、共同繁荣。作为一种新兴的政治哲学，当代多元文化主义与以往自由主义主张宽容的多元主义（pluralism）以及当下关于文化多样性（cultural diversity）、文化多元主义（cultural pluralism）的种种理论之间最大的不同在于：它不是一般地主张主流群体和少数群体的文化共存，而是从规范意义上要求平等地对待少数群体，承认其价值，并给予所有社会文化群体平等的政治、社会和文化地位。

如果不是简单地停留于概念，多元文化主义可以从更广泛的意义上被理解为 1968 年以后西方一系列社会、政治和哲学思潮的产物。

先让我们短暂地回到作为一切新变化源头的 1968 年。在渡过了战后堪称"黄金时代"的 20 多年经济繁荣之后，西方经历了一个动荡的 20 世纪 60 年代。以美国反越战运动和黑人平权运动为起点，西方社会内部反战、少数族裔、女性的各种运动此伏彼起，终于在 1967 年、1968 年以西方各国青年学生大规模造反运动的形式集中爆发，并出现了标志性的巴黎"五月风暴"。在此期间，主要西方国家的大城市以青年学生造反运动为主要形式爆发了大规模的停课、停工、占领校园浪潮，乃至最极端的巴黎现象——罢课、罢工、停产，海陆空交通瘫痪，警察和学生在街垒对战，社会紊乱，机构停摆——西方民主制度遭遇了一次严重震荡。

对于1968年运动的评价至今两极对立，但是共识仍然存在：它不是1848年、1789年，也不是1917年，不是红色（社会主义）或粉红色（社会民主主义）的传统工人运动，而是一场非传统阶级斗争形式的文化革命。1968年运动是一场争取社会—文化包容的运动，它要求那些曾经被排斥、被边缘化的权利得到承认和包容，追求实现更广泛的社会平等和正义。1968年运动还是一场青年人追求打破传统的生活方式的文化革命，它要求改变不适应战后社会迅速地现代化发展的僵化的文化气氛，改变传统中产阶级保守伪善的生活规范和追求物质主义的庸俗生活，改变传统的官僚体系和教育制度。这是历史上第一次不是为了面包，而是为了玫瑰的斗争。1968年运动的意义在于：它在文化上提供了多样可能性，在政治上提出了多元主体的平等主义权利诉求。1968年运动以其多元主义的平等诉求而成为西方左派的文化图腾。50年后回顾当年，1968年运动给后人留下的最重要的遗产，就是它开启了多元文化主义进入西方文化主流的进程。

因应1968年运动后西方社会紊乱、价值冲突、共识破坏的复杂局面，20世纪70年代初西方发生了一场政治哲学复兴大潮。西方政治哲学在备受几度现代化浪潮冲击的绝境中绝地重生。领衔这次政治哲学复兴的思想旗手是罗尔斯和福柯，他们二人引导当代西方政治哲学沿着自由主义和后现代主义两个路向行进，从不同方向、以不同方案回应1968年运动提出的多元主义平等诉求。

罗尔斯是补天派。罗尔斯关于正义问题的思考以及他对政治伦理问题的创新研究，是对困扰美国一个时代的价值危机的理论反思。他谨慎地推进平等主义，将平等主义原则纳入自由主义的理论框架中，创立了一种平等的自由主义政治哲学。罗尔斯打造的正义两原则①是他用来规范社会基本结构的最根本的两条原则。这两条高度抽象的政治伦理对多元的个人平等权利的充分接纳、对弱势者的底线关怀，充分展示了罗尔斯对1968年新平等主义诉求的深度回应。罗尔斯的正义理论既丰富和发展了自由主义的多元性包容，也捍卫了自由主义的主流地位，在西方处于政治动荡的时刻，为复兴自由主义的政治思想、重建社会秩序、整合各界共识提供了希望。尽管1974年哈耶克获得诺贝尔经济学奖，其崇尚市场原教旨主义的自由至上主义风靡一时，并成功主导此后40多年的西方新自由主义政策主流，但却始终无法撼动罗尔斯理论在西方自由主义政治哲学中的核心地位。

　　福柯则是捅破大天的造反派。同样面对西方价值危机，福柯创立的后现代主义誓言粉碎现代性的道德基础，解构以理性为中心的一切现代社会规范和伦理规范。它挑战资本主义的理性化秩序，要求颠覆启蒙传统的真理、主体和知识概念，用微观的多元文化权力对抗连续性、必然性的总体权力，倡导一种彻底的、无中心的多元主义。福柯率先解构西方现代性的宏大叙事，特别是对现代性理性化秩序背后的微观权力机制进行了深入的剖析，试图通过确立差异的地位来反抗权力，为多元主体争取平等权利。后现代主义本质上是一种异质于自由主义的多元主义文化追求。作为一种哲学文化批判思潮和方法论，后现代主义在20世纪七八十年代开始向艺术、建筑、哲学、社会、政治、文化理论等各个

---

①　"（1）每个人都有同等的权利，在与所有人同样的自由体系兼容的情况下，拥有最广泛的平等的基本自由体系。（2）社会和经济的不平等应这样安排：（a）在和公正的储蓄原则一致的前提下，对社会中最弱势的人最为有利；（b）在公平的平等机会的条件下，职位与工作向所有人开放。"见 John Rawls, *A Theory of Justice*, Revised Edition, Oxford: Oxford University Press, 1999, p. 266.

领域全面渗透，产生出各种冠名"新""后"的理论，如萨义德的后殖民主义、斯皮瓦克的贱民研究、拉克劳和墨菲的后马克思主义以及后现代女性主义、后结构主义、后葛兰西主义、新发展主义等。这意味着，后现代主义在世界上发动了一场后现代主义的文化革命。而这场文化革命最大的思想成果，就是多元文化主义政治哲学。从这个意义上，后现代主义是多元文化主义的起源，为此后40多年盛行天下的多元文化主义奠定了哲学方法论基础。

从20世纪70年代始，多元文化主义政治哲学启动了它改变20世纪后期西方思想景观的理论征程。金里卡曾经这样归纳道，"'公民资格'是20世纪90年代的行话，正如'正义'是20世纪70年代的行话，'共同体'是20世纪80年代的行话"。① "行话"和热词的演化，体现着当代政治哲学思潮和流派的迅速变换和推进，也折射着20世纪80年代以来世界政治的巨大变迁。20世纪70年代，罗尔斯《正义论》的发表一石激浪，围绕政治哲学的宗旨引发了对"正义"的热议。平等的自由主义一骑绝尘，成为当代西方政治哲学复兴的主要标志。20世纪80年代，迈克尔·桑德尔（Michael Sandel）和阿拉斯戴尔·麦金太尔（Alasdair MacIntyre）等人倡导"共同体主义"，使"共同体"这个概念风靡一时，变成了判断政治事务正义与否的尺度。20世纪90年代以来，随着冷战的结束，对多元的"公民资格"的研究又成为新"行话"，"身份政治"俨然取代阶级政治成为西方社会科学关注的中心。新世纪起始，"9·11"和反恐战争引起了思想界对"文明冲突"和"全球正义"的关切，反映政治上多元认同的"承认"概念一时成为热词，"承认理论"一时独步天下。从共同体主义到公民资格理

---

① 威尔·金里卡：《当代政治哲学（上）》第二版，刘莘译，上海三联书店，2005，第3页。

论，再到承认理论，三种政治哲学思潮都充分体现了多元文化主义政治哲学的主要理论特征，即：以多元群体的平等为最高价值，以实现身份政治为目标，坚持文化批判的基本方向。因此，罗尔斯以后，政治哲学"行话"的每一次变迁都彰显着多元文化主义理论的演进，也见证着多元文化主义政治哲学40年来凯歌行进的行程。

共同体主义是多元文化主义的第一个理论形态。在英语中，"共同体"（community）是"共同体主义"（communitarianism）[①]的词根，也被译为"社区"、"社群"或"社团"。在历史上，共同体早于国家和社会的现代分化，在有人类以来就已存在。而"共同体"概念的产生早于个人、权利、自由和自由主义等近现代的概念，至少在古希腊时期的政治哲学中就已经形成，并受到历代政治哲学家的关注。概言之，所谓共同体，在经验意义上是指一个人生于斯长于斯的场所。共同体包括了基于氏族、家族、民族、种族的血缘共同体，基于共同地域的地区性共同体，基于共同历史文化道德的记忆型的文化共同体，基于人际交流中的合作和信任的心理性共同体，以及各种基于利益的经济共同体和基于团结合作的政治共同体，等等。"共同体"的概念非常复杂。在现代政治理论中，它是表达社会相互作用关系的一些特殊形式，是

---

① 正是由于"共同体"一词含义的多样性以及使用该词的随意性，《布莱克维尔政治学百科全书》的该词条解释称："共同体"一词的应用是高水平的，其含义却是低水平的。它是政治理论中使用十分普遍，然而又欠明确的术语之一（参见邓正来主编《布莱克维尔政治学百科全书》，中国政治大学出版社，1992年，第142页）。当代"共同体主义"是一种政治学说，它所倡导的共同体不是历史上出现过的各种社会共同体，而是具有政治社会特征和特殊文化传统的政治共同体。"社群主义"这一译法极易将这种共同体主义的政治原则误解为一种基于社会共同体的一般理论主张。而且，字面与词根不一致会招致不熟悉西方词汇的中国人将其误读为另一种思潮。为了避免人为地混淆概念，笔者在本书中对大大小小的community统一使用"共同体"概念，以杜绝"社群"和"共同体"、"社群主义"和"共同体主义"混用的情况。

指小到家庭、社区，大到民族、国家的各种公民整体。而"共同体主义"概念则出现于 19 世纪晚期，在 19 世纪末 20 世纪初才形成了较系统的学说。但在 20 世纪 80 年代以前，共同体主义从来没有发生过重大的影响。

1980 年以后，西方学术界形成了一波从共同体主义出发批评自由主义的热潮。桑德尔、麦金太尔、沃泽尔（Michael Walzer）和查尔斯·泰勒四人在 20 世纪 80 年代初发表了一系列诸如《自由主义与正义的局限》（*Liberalism and the Limits of Justice*）之类的文章，从各自不同的角度批评自由主义的局限性，一致认为自由主义忽视了共同体的意义。这一 1980 年后崛起的当代"共同体主义"是一种政治学说，它所倡导的共同体不是一种介于社会和个人之间自愿结合的社会共同体，而是具有政治社会特征和特殊文化传统的政治共同体。它所涵盖的范围下至社区，上至国家，是政治关系和政治意义的共同体。这种共同体主义以对自由主义的个人权利的批判为宗旨，强调共同体至上的价值观和政治原则。尽管这四位共同体主义的代表人物观点各异，论证角度不一，使用的方法和路径差别极大，但是他们的基本观点和立场高度趋同，在支持共同体价值方面达成高度一致，因而构成了一种强调共同体价值至上的新的政治哲学思潮。

具体而言，这些著名的共同体主义者的思想有以下一些共同特征：在价值观（即形而上学的哲学基础）上，共同体主义的理论建构是以社会取代个人，强调共同体高于个人，它批判自由主义的虚幻的自我观，主张共同体价值高于个人价值；在政治上，共同体主义把共同体利益置于个人自由之上，强调社会公益高于个人权益，它批判自由主义的个人权利观，在个人与社会的关系上否认个人权利和自由的优先地位；在道德哲学上，共同体主义在个人权利和公共利益（善）的关系上，用共同善或美德取代个人权利的优先性，共同体主义的正义伦理批判自由主义的道德普遍主义和国家中立原则，主张共同善和公共美德高于道德普遍主义，先于个人权利。总之，共同体主义的所有代表人物都是从共同体主义出发，把自由主义的个人主义作为其直接的批判目标。在反对和批判现代性的核心理念——个人主义这一点上，所有的共同体主义者达成了高度的共识。

20世纪80年代末90年代初，共同体主义政治哲学深入发展到一个新的层面，从理论和实践两个角度发展和延伸了共同体主义的论题。在理论上，它们不再简单停留于用"共同体"对抗"自我"，而是从元理论的层面深化对伦理学普遍主义和文化相对主义之间关系的探讨。在实践上，它们就如何维护自由民主社会的政治稳定和社会团结拓展了对共同体主义的探讨。正是在这一时期，泰勒和沃泽尔发表了一系列关于多元文化主义的论著，如泰勒的《自我之源：现代认同的形成》（*Sources of the Self: The Making of Modern Identity*）和沃泽尔与人合编的《多元主义、正义和平等》（*Pluralism, Justice, and Equality*）等。"多元文化主义"这一概念正式形成，在共同体主义理论的怀抱中孵化而出。值得注意的是，一批美国的共同体主义者在这一时期试图使共同体主义从庙堂走向民间，通过建立网络公号使之走出书房，成为公众话题。"共同体主义网络"的期刊《负责的共同体》1991年冬季号上发表了共同体主义的政治宣言，宣称共同体主义反对在现代西方社会占据统治地位的个人主义的自由主义，弘扬与个人主义的自由主义相对立的共同体主义，要求"用共同体主义的观点处理我们这一时代所有重大的社会问题、道德问题和法律问题"。①

共同体主义第一个提出了多元文化主义对抗自由主义的个人

---

① 转引自《负责的共同体主义政纲：权利和责任》，载《负责的共同体》（*Responsive Community*），1991年冬季号。

主义的中心概念——"共同体"，创立了"身份政治"的基础理念，为当代多元文化主义的形成奠定了第一块理论基石。

公民资格理论是多元文化主义的第二个理论形态。公民资格（citizenship），也被译为公民身份、公民权，是两千多年前希腊城邦民主制时代就已经存在的古老概念。公民资格（身份）的历史和人类定居的共同体同样久远。公民资格作为西方传统的政治制度经历了从少数人享有的特权身份到现代普遍人格和普遍人权的发展过程。在现代，"公民资格"一直居于各种政治概念的核心位置，是政治理论的基本概念。战后英国著名社会学家和政治学家马歇尔（T. H. Marshall）致力于为英国福利国家政策提供理论根据，提出了他的纯政治的公民资格（身份）理论。马歇尔的"公民资格"概念包括历史地形成的三种权利要素，即公民权利、政治权利和社会权利，是三者的集合。他基于此形成了其公民资格研究的基本框架。英国是战后基于《贝弗里奇报告》①等相关法案创立福利国家模式的第一个西方国家。马歇尔的公民资格理论着眼于解决自由市场资本主义条件下民主发展和资本主义的阶级矛盾发展之间的关系问题，旨在论证当代福利国家制度的重要性。他认为，公民资格与社会阶级的发展之间的矛盾并非不可调和。公民资格（身份）是一种成员间平等的地位，对于资本主义发展带来的阶级结构不平等具有重要缓和作用。而福利国家是协调形式平等与阶级分化的途径，也是包括公民身份在内的各种权利实现的保障。构建福利国家有助于实现公民身份，促进社会平稳发

---

① 《贝弗里奇报告——社会保障和相关服务》是被称为"福利国家之父"的英国经济学家威廉·贝弗里奇受英国战后重建委员会主席委托，于1942年制定并提交的一份战后重建社会保障计划的报告，即著名的《贝弗里奇报告》。该报告是社会保障史上具有划时代意义的传世经典，被业内人士视为福利国家的奠基石和现代社会保障制度建设的里程碑。

展，是保障西方社会体制长治久安的根本举措。然而，在马歇尔以后的 40 年中，关于公民资格的研究没有超出政治学和社会学的圈子，也没有在学术界形成重大的讨论话题。

20 世纪 90 年代以来，公民资格理论重出江湖，迅速成为政治哲学的热议中心。新的"公民资格理论"伴随着全球化浪潮应运而生，成为多元文化主义政治哲学中替代"共同体主义"的一次形式转换。战后马歇尔的公民资格理论成为多元文化主义政治哲学这一发展的重要理论资源。具体而言，这一轮关于"公民资格"的讨论出现在自由主义和共同体主义之间的争论中。怎样才能在一个价值观激烈冲突的社会中维持现代民主制的健康发展？罗尔斯的平等的自由主义给出的方案是解决社会基本制度问题，建立一个以平等的个人权利为基础的"社会正义结构"。而多元文化主义者起初不满于自由主义的个人本位哲学基础，试图以"共同体"对冲"个人权利"。很快他们在激辩过程中发现，作为政治实体的"共同体"不足以抵制个人主义的"公民私人化症状"和政治冷漠病，不足以为社会基本制度提供政治伦理资源。于是，一些多元文化主义理论家在 20 世纪 90 年代开始转换视角，从政治学转向政治哲学规范理论，试图从伦理学普遍主义的角度赋予"公民资格"新的内涵，从而战胜日益猖獗的极端个人主义。沃泽尔、金里卡等人认为，现代民主制的健康不仅依赖社会基本制度，也依赖民主制下的公民素质和态度。他们突破了马歇尔的纯政治概念，从政治伦理的角度重新审视公民资格，将对公民资格的重释看作调停自由主义和多元文化主义之间分歧的核心理念。他们把公民资格理论对公民权利的政治分析改变为对公民资格的德性思考，即：哪些公民品德能够维系民主制的繁荣？在多元文化主义政治哲学家看来，这些公民品德是：质疑政治权威的能力和愿望、从事与公共政策所涉及事务相关的公共讨论的能力和愿望。这就是指被称作"公共理性"的品德，也即自由主义制度下的公民不能仅限于陈述个人偏好或威胁性诉求，必须为自己的政治要求提供公共理性的理由。此后，更多主张"慎议民主""商谈政治"的政治哲学家介入了关于"公民资格"的这场大讨论，而"慎议民主"对公民德性提出了更高的要求。

这一时期多元文化主义的公民资格理论有三个要点。①坚持共和主义的公民资格理论传统，主张积极的公民资格观。麦金太尔、泰勒和沃泽尔等几乎所有多元文化主义者都是共和主义的拥戴者。他们批评自由主义者倾向于强调个体权利，认为自由主义对公民资格的底线要求①过低，而自身则倾向于强调公民义务和公共责任，主张培育热心政治参与的"积极的公民"。②倡导以公民责任为核心的、道德维度的公民资格观。多元文化主义者在自我和共同体的关系上反对自由主义者基于抽象的契约论和对人性的抽象理解去解释个人自由，强调个人在现实可能的空间里对共同体的公共责任，把公民道德、公民的德性培育视为巩固民主制度、加强社会团结、实现公平正义的主要方式。③主张用参与民主（如"慎议民主""商谈民主"）等"强民主"（strong democracy）②的制度模式作为培养公民道德的主要途径。为了培养消极的公民"居于底线之上"的社会品德，他们具体地探讨了国家培养公民品德的多种途径，如法律、市场、公民社会、家庭、学校和各种教育制度安排等，尤其重视参与的"公共性"，要求形成基于"公共

---

① 自由主义一般只要求公民具有基本的公民礼仪和得体的社会品德，不强制要求他去参与政治生活，也不干涉他人参与政治生活。

② 巴伯（Benjamin Barber）认为公民资格是"强民主"（strong democracy）的核心要素，这种强民主不是"将个人看作抽象的人，而是看作公民，因此，公共性和平等……是人类社会的定义性特征"（引自 Benjamin Barber, *Strong Democracy: Participatory Politics for a New Age*, Berkeley: University of California Press, 1984, pp. 117、119）。

性"的公民礼仪和公民道德，提高政治参与热情。

20世纪90年代政治哲学研究的焦点转向"公民资格"，是多元文化主义进入全盛时代的标志。新的公民资格理论突出正义的德性内涵，成功地弥补了自由主义在公民责任方面强调不足的理论缺失，体现了多元文化主义的进步意义。在"公民资格"理论的基础上，"身份政治"的理论体系初步形成，"多元文化主义"概念瓜熟蒂落。

承认理论是多元文化主义的第三个理论形态。"承认"（recog-nition）术语最早出现在德国古典哲学中，是一个政治哲学和道德哲学概念。"承认"在概念上不存在重大分歧，基本含义是指个体与个体之间、个体与共同体之间、不同的共同体之间在平等基础上的相互认可、认同或确认。"对承认的需要，有时候是对承认的要求，已经成为当今政治的一个热门话题。"[①] 20世纪中晚期以来，在全球化的冲击下，少数族群、女性主义者、同性恋者等边缘群体纷纷提出权利诉求，寻求主流文化价值模式的认可和尊重，"为承认而斗争"迅速发展成为当代政治哲学的基本主题之一，承认政治应运而生。1992年A.霍耐特的《为承认而斗争》的问世，标志着以法兰克福学派为传统的批判理论对承认理论研究的正式介入。以A.霍耐特和N.弗雷泽的争论为中心，在法兰克福批判学派内部乃至西方政治哲学界引发了一场持续十多年的广泛讨论。承认理论成为社会批判理论第三代的学术标签。1994年泰勒的《多元文化主义：承认政治学研究》（*Multiculturalism：Examining The Politics of Recognition*）问世，从多元文化主义的新角度阐述"承认政治"。作为多元文化主义的主要代表人物，泰勒的承认理

① C.泰勒：《承认的政治》，董之林、陈燕谷译，载汪晖、陈燕编《文化与公共性》，生活·读书·新知三联书店，1998，第290页。

论与欧陆批判理论第三代代表人物霍耐特的"承认理论"遥相呼应，提出了当代政治中的一个重要内容，即包括对女权、黑人人权、少数族裔权利的平等诉求的"承认"。"承认"代表了弱势群体的利益和要求，是一种具有世界主义和平等主义新视野的诉求。

泰勒的基本观点是：多元文化主义就是一种"承认的政治"。[①]承认政治是一种多元文化主义的认同政治（identity politics），即身份政治。而这种承认政治是一种对抗自由主义的普遍主义对少数群体文化的压制的政治路径。他指出，公共领域中主体间平等的承认衍生出了两种不同形式的政治——普遍主义的尊严政治和多元文化主义的差异政治。普遍主义的尊严政治强调每一个公民都享有平等的尊严，强调每一个人的权利和资格的平等化。多元文化主义的差异政治作为另一种平等承认的政治，要求承认差异的平等，即不同文化、不同族群、不同的性别都应享有平等的地位。差异政治指责尊严政治将人们强行纳入一个虚假的同质性模式之中，从而否定了他们独特的文化身份，是一种冒充普遍主义的特殊主义。泰勒原则上支持多元文化主义的观点。因此，他的多元文化主义承认政治的第一个理论基点是文化的同等价值。泰勒以"所有文化都具有平等的价值"作为逻辑起点，不仅要求承认其他文化的平等地位及其现实存在，而且要求必须承认它们的平等价值。泰勒的多元文化主义承认政治的第二个理论基点是公共交往的策略。他认为，人类社会生活本质上是对话的。公共领域平等的承认政治必须通过对话和交往来实现。在承载着相互承认的公民文化的基础上形成的社会，是更有包容性的社会，也是更少社会排斥和文化歧视、真正体现了文化平等的社会。而建立在文化

---

① Galzer, N., *We are All Multiculturalism Now*, Cambridge：Harvard University Press, 1997, p. 35.

平等和公共交往这两大基点上的多元文化主义承认政治，实质上是对话政治和交往政治。多元文化主义的承认政治要求在多元文化之间的多元对话和多元交往中，达成多元价值的视界融合，从而超越平等尊严的政治和差异政治的对立，建立一种视野更加广阔的、包容性更强的当代民主政治模式。

泰勒以文化平等和公共交往策略所表达的承认政治，根本目的是保存少数社会群体的权利，促成对少数群体的承认。就根本意义而言，泰勒的多元文化主义的承认政治要处理的核心问题，正是托克维尔当年所关切的参与政治萎缩的问题。故此，其理论的批判中心是原子主义的权利政治论及其带来的政治碎片化，其理论侧重点是在西方社会如何疗治极端个人主义现代病的基础上，积极谋划一种人类彼此平等而互有差异的共同生存模式。

泰勒是多元文化主义承认理论的集大成者。他的"承认政治"概念将各种文化群体之间文化承认的"身份政治"定于一尊，使文化定位的"身份政治"具备了某种制度合法性。在"共同体主义"和"公民资格"理论中，多元文化主义主要强调对身份平等承认和对待；而在"承认政治"中，多元文化主义突出了全球化时代多元文化冲突背景下各种形式的个体和共同体在平等对待要求的基础上的自我认可和肯定，要求承认它们的价值存在。在承认政治中，多元文化主义明显出现了两条演进路径：一个选择是边缘群体要求社会像对待主流群体成员那样平等对待它（普遍主义的平等权利），实现政治平权；另一选择是边缘群体为其成员坚持另外一种的身份（特殊主义的平等权利），要求人们尊重他们与主流社会的差异。这种基于差异的承认政治认为，只有人们关注那些过去被忽视或低估的文化，平等地重视各种不同的文化和生活经验，才能实现真正的平等。后一种路径和策略逐渐在多元文化主义理论中占了上风，发展成为承认政治的主打理论。

泰勒的承认政治将多元文化主义推进到一个新阶段。泰勒提出的多元文化主义承认政治对于争取和捍卫社会边缘群体的平等权利、推动当代西方民主政治的发展，发挥了重大的理论和实践作用。

21世纪第一个十年，以承认理论的主要代表人物查尔斯·泰勒两获世界性的政治哲学大奖①为标志，多元文化主义正式进入西方政治哲学主流，成为当代西方最具主导话语权的理论之一。随着多元文化主义脉络从"共同体主义""公民身份"理论到"承认理论"的不断延伸，多元文化主义的身份政治不断递进、走向成熟，上升为西方左派的主要理论支柱。多元文化主义正式登堂入室，成为冷战结束后因苏联解体而蒙垢的社会主义思想在西方的替代物。羞于再标榜社会主义的西方左派，无一不把多元文化主义视为百分之百的政治正确。最近20年中，"平等即正义、多元即进步"的多元文化主义理念，已经演进到"无多元不进步，非文化不批判"的地步。似乎只有文化批判才是正道，唯有多元主义才代表平等和进步。多元文化主义至少是在校园、媒体和好莱坞代表的文化艺术界成为主流话语，掌握了创新的话语权，并塑造了左派、社会科学界、媒体乃至全社会的思维定式。由此，多元文化主义成为当代西方意识形态"政治正确"的理论基础，为政治正确性提供了政治哲学背书。当下西方自由派的理论与其说是自由主义的，不如说是多元文化主义的。多元文化主义势头之盛，大有取自由主义主流地位而代之的趋势。这是西方政治平等

---

① 2007年，泰勒因推进有关精神现实的研究和发现荣获美国的"坦普尔顿大奖"（Templeton Prize），并获150万美元的现金奖励。该奖由慈善家约翰·坦普尔顿爵士（Sir John Templeton）设立于30年前，旨在鼓励科学和宗教对话，以比诺贝尔奖更高的奖金额著称。2008年6月，他成为褒奖人文与哲学领域的世界级的"人文与哲学终身成就京都奖"（Kyoto Prize for Lifetime Achievement in/Arts and Philosophy）得主，该奖被誉为日本的诺贝尔奖。

发展最好的时期,[1] 也是极端平等主义祸根深埋的时期。

二　多元文化主义的成败得失

西方多元文化主义思潮出现 50 年,作为政治哲学形态形成近 40 年,在其长期演变中对西方 20 世纪后 30 年以来的社会政治发展发生了持久的影响。总结多元文化主义政治哲学的成败得失,确立这一理论的历史方位,有着重要的理论意义和实践意义。

在笔者看来,多元文化主义政治哲学最大的成就是在理论上发展了政治哲学的平等主义规范,在实践上推动了平等主义的多元政治,拓展了西方民主的政治边界。而多元文化主义政治哲学最大的问题是破坏了西方社会的平等主义理性共识传统,在理论上走向绝对的相对主义和历史虚无主义,在实践中导致极端平等主义、无政府主义和政治民粹主义。多元文化主义自身存在着严重的内在矛盾,无法构成一种体系严整的政治哲学理论。正是它与自由主义难以切割的复杂和纠结的关系以及它对自由主义的不当批判,导致了其理论上的一系列弊病。

多元文化主义政治哲学在历史上曾经起过非常进步的作用。作为 1968 年运动的哲学产儿,多元文化主义是对 20 世纪 60 年代以后新涌现的多元主体的平等主义诉求的哲学回应。多元文化主义的初心是对西方社会发展方向的深重忧虑和伦理思考,其理论出发点是谴责和批判西方社会肆行无忌的极端个人主义。从其第

---

[1]　关于这一点,《心灵的习性》一书的作者在其 2008 年序言中这样说:"美国人已经在各种不同的时代,认识到了比我们早期历史中所表现的更大程度的包容性和公民平等,特别是克服种族和性别障碍的仍未完成的努力。存在于这些努力背后的理念,在处理我们当前的问题中仍然可以为我们服务。"见罗伯特·N. 贝拉等《心灵的习性——美国人生活中的个人主义和公共责任》,周穗明、翁寒松等译,中国社会科学出版社,2011。

一个形态——共同体主义始，多元文化主义的批判矛头就是指向极端个人主义，试图疗治西方社会的现代病。从共同体主义、公民资格理论到承认理论，多元文化主义一以贯之的核心关怀是争取少数族群、弱势族群的多元平等。多元文化主义从文化层面全面展开的工具理性批判、自我中心主义批判、政治冷漠症批判，从政治伦理的高度针砭社会弊病，因而成为批判和阻击 20 世纪 80 年代以来全球化浪潮下的新自由主义霸权、市场原教旨主义回潮、极端个人主义泛滥的重要思想武器。多元文化主义一向以批判自由主义为己任。就其理论宗旨而言，多元文化主义在 20 世纪 80 年代兴起，从根本上说是对新保守主义崛起（即欧洲所称的新自由主义浪潮）和全球化冲击下社会不平等（尤其是西方社会内部的不平等）加剧的理论反应。从当年的实践效果看，与其说它是反自由主义的，不如说它是反新自由主义的。

我们看到，共同体主义的多元文化主义要求对自由主义的普遍主义平等政治进行矫正，既肯定个人平等权利的基本原则，又要求承认少数族群的特殊平权诉求（泰勒）；激进的多元文化主义主张以对群体差异予以考虑的特殊权利来取代普遍性的平等要求（马瑞恩·杨）；自由主义的多元文化主义在坚持普遍主义平等的基础上，通过补充少数群体权利，实现对少数群体的真正的公平正义（金里卡）。上述三种多元文化主义在什么是不平等的根源、什么是真正的平等、采取什么途径才能达到文化平等的政治目标等问题上分歧严重，尤其是对个人本位的平等还是群体本位的平等这一根本问题缺乏共识。但是，各种多元文化主义都共同追求社会平等和对少数族群权利的保护，都一致同意在制度框架内寻求政治解决方案。可以说，多元文化主义的共同核心诉求，是争取各种多元共同体之间的平等。多元文化主义的时代事实上就是一个不平等变得越来越站不住脚的时代。多元文化主义不同流派之间的争论在总体上大大地丰富了多元文化主义的理论，推动了这一新兴理论的发展和传播。因此，各种不同类型的多元文化主义从不同角度丰富了当代民主政治的理论，在一定程度上助力当代西方政治进程的发展，促进了社会平等和公平正义。

多元文化主义进步作用的影响是广泛而深远的。

在政治哲学理论上，多元文化主义的出现推动当代西方政治哲学在理论上聚焦平等，使平等上升为正义的规范尺度，成为最核心的政治哲学理念。从这个意义上，多元文化主义与平等的自由主义一道，成为20世纪80年代以后的新平等主义浪潮的理论推力。

在政治实践上，多元文化主义提供了更宽泛的政治视角，使人们开始转向关注非传统类型的新社会运动、新社会主体和基于前二者的"新政治"，在一定程度上引领了西方近40年的政治发展。生态运动、和平运动、黑人平权运动、女权运动、种族平等运动、动物权利和残疾人权利运动，等等，都成为多元文化主义的实践载体。可以说，20世纪晚期以来的争取平等的进步运动，基本上与多元文化主义相关联。

在社会和文化领域，多元文化主义开辟了文化批判的新方向，打开了西方左翼政治的一个具有无限可能性的新空间。多元文化主义文化批判的触角触及从家庭到国家、从性别到种族的社会生活各个领域、各个层面。它不仅促进了发达国家内部平等主义多元认同和协商民主的发展，推进了社会生活的民主化进程；同时助推世界主义的平等主义"新政治"，伸张第三世界要求平等权利的正义诉求。

多元文化主义的承认政治还极大地提高了人类对于压迫和歧视的敏感性，极大地改善了社会文化气氛，从而极大地提升了发达国家的文化包容度和社会宽容度。因此，我们看到，多元文化主义的冲击已经改变了当代西方社会，此西方已非彼西方。我们今天看到的西方社会，不是 20 世纪初，不是二战后，甚至不是 1968 年以前的常态的西方社会。今天更宽容的、更平等的、更人性化的西方社会——更独立自主、自信飞扬的女性，受到各种社会政策保护的残疾人，得到更多平等尊重和对待的黑人和少数族裔，等等——是一个经历了 1968 年文化革命冲击和多元文化主义理论改造和荡涤后的西方社会。在中国改革开放 40 年后的今天，人们在谈论我们和西方的差距时开始从硬件比较上升到软件比较，每每谈论民主的细节、弱者的关怀等平等的设施化、制度化。但是人们往往忘记了，西方社会种族歧视、性别歧视的普遍消除，不过是最近五六十年的事情。正如福山所描述的："1960 年代，世界上发达的自由民主制国家爆发了强有力的新社会运动。美国民权活动人士要求美国践行《独立宣言》中承诺的、内战后写入美国宪法的平等。随后的女权运动也是要为妇女争取平等待遇，该运动激发了大量妇女进入劳动力市场，也受到了这个过程的影响。一场同步展开的社会革命打破了性别和家庭的传统规范，环境运动重塑了人们对自然的态度。随后的几年内，我们看到了维护残疾人、美洲土著人、移民、同性恋男女以及变性人的权利的新社会运动。"① 回溯历史的脚步，在美国建国的二百多年中，在 20 世纪初美国成为头号工业化强国后的一百多年中，惠及大众的广泛的平等和女性、黑人的民主权利不过是 20 世纪后半叶以后的故事。而多元文化主义与罗尔斯的平等的自由主义在思想理论上共同推动了这一进步进程。换言之，多元文化主义政治哲学在其中所发挥的作用功不可没。

---

① 〔美〕弗朗西斯·福山：《反对身份政治：新部落主义与民主的危机》，苏子滢译，转引自澎湃新闻，2018－08－31，原载本文标题为"Against Identity Politics: The New Tribalism and the Crisis of Democracy"，载《外交事务》（*Foreign Affairs*）2018 年 9/10 月号，Vol. 97，No. 5。

然而，多元文化主义就其理论体系而言，是一个观点自相矛盾、充满理论悖论的不彻底不完整的政治哲学学说。它对推动社会平等、文化宽容的现实进步作用不可小觑，它对冲击和损毁西方主流价值观的负面作用同样不容低估。

近年来，多元文化主义在实践上的负面效应已经充分显现，而这些负面恶果早已植根于其理论自身的内在矛盾中。在规范理论层面，多元文化主义从推动形成西方政治哲学的平等主义规范，发展到倡导极端平等主义，进而瓦解西方社会的平等主义共识，正好事与愿违地走向了自己初心的反面。这种理论结局恰恰是多元文化主义对自由主义政治哲学的错误批判所致。因此，对多元文化主义的理论评价必须从它与自由主义的理论比较和分析入手，必须说明：多元文化主义与自由主义相比在理论上提供了什么新东西？多元文化主义的多元主义是否超越了自由主义的多元主义？多元文化主义的文化批判是否比自由主义的政治哲学批判（政治伦理的、政治经济的）更深刻？多元文化主义的平等伦理是否高于自由主义的平等伦理？

无分派别，多元文化主义理论的基本逻辑是：批判自由主义作为立身之本的个人主义，张扬群体（共同体）权益及其优先地位，代表新的社会主体、少数和弱势群体的平等诉求，争取更广泛的平等权利。多元文化主义因此以平等主义政治伦理的代言人形象出现，俨然成为新时代正义伦理的化身。从理论上细分，这一基本逻辑在四个要点上试图凸显多元文化主义高于自由主义的优越性：以共同体（利益）对抗个人（权利）；以多元群体至上对冲自由主义的多元性；以文化主义的身份政治解构自由主义的现代社会宏大叙事；以多元文化同等价值观对抗自由主义的平等价值观。

第一，多元文化主义以群体（共同体）为立论基础，批判自由主义的个人主义。多元文化主义把当代流行的极端个人主义归结于自由主义的产物。它以共同体对抗个人，取得其代表共同利益的道德制高点和正义的批判力量。多元文化的代表人物齐声谴责个人主义。桑德尔将批判锋芒直接指向罗尔斯的自我观，指责罗尔斯的自由主义是与一个贫乏的、不恰当的个人概念联系在一起的。这一"没有限定的自我"（unencumbered self）是一种原子化的、自治的、世俗的和自私的个体，它们之间没有产生出深刻的共同体关系和归属关系。他强调个人是社会或共同体的产物，任何人都不能脱离社会或共同体而存在。不是自我优先于社会或共同体，而是社会或共同体及其价值观优先于自我。麦金太尔从亚里士多德传统的伦理美德出发，向现代性的个人主义伦理规范全面宣战，批判现代性的普遍理性主义规范伦理的核心——个人主义。坚决强调"共同体（社会）第一、个人第二"。他要求自由主义的原子式个人主义自我观要对当代西方个人主义泛滥的道德乱象负责。桑德尔和麦金太尔的观点直接承接政治哲学的功利主义传统，全面否定启蒙以来的规范个人主义。相形之下，泰勒对自由主义的个人主义的批判相对谨慎，对启蒙传统保持了敬意。他认为，西方现代性的核心是建立在个人主义自我基础上的平等的价值观。源于启蒙理想的个人主义自我概念是一种"本真性（authenticity）自我"。他批判当代极端个人主义失去伦理维度，要求恢复启蒙理想的"本真性自我"。他的现代性批判的中心是对现代个人主义的道德批判，认为自我中心的个人主义是"误识的现代性"，是把本真性观念误识为"独白式原子化个体意识"和"反常和琐碎的个人主义"。然而，他全方位地批判自由主义，在理论上对个人主义和极端个人主义没有做任何的区分和过渡，在总体上将现代性赖以立足的西方个人主义作为道德贬斥的对象、当代精神危机的根源。

　　一般说来，多元文化主义批判个人主义，试图疗治缺乏道德支撑的极端个人主义引发的个人原子化、社会碎片化、政治冷漠化等现代病，无可厚非。然而，多元文化主义对自由主义个人主义的批判却是对象错置的批判。它把指向现代极端个人主义的批判矛头错误地对准了启蒙理想倡导的个人自由。众所周知，个人主义作为理性主义现代工程的基点，构成了现代性的核心原则。现代性即意味着在对自我的理解上的平等主义，意味着从群体主义向个人主义的重大转变。现代的个人对平等权利的要求打破了传统社会的等级身份限制，摆脱了神圣的传统秩序的束缚。启蒙理想强调人生而平等，每一个人都享有与生俱来的平等尊严，反对一切附加特权（血缘的、政治的身份等级特权）。现代人的个人尊严来自平等，而平等的尊严的核心内容是权利与身份的平等化。启蒙的个人主义概念具有一种普遍平等和个体平等的深刻含义，具有众生平等和个人自由的意蕴。因此，基于文艺复兴和启蒙理想的自由主义个人概念是一种个人本位的概念，是生成普遍主义的人人平等的个人权利、个人自由的基础。可见，现代社会初始的个人主义是一种规范理念，是标注个性解放、体现科学理性和价值理性统一的、完整的现代个人主义理想形象的概念。它并不以侵犯他人的自由平等权利和群体或社会的共同利益为前提，与自私自利的自我中心主义无涉。多元文化主义对自由主义最严厉的指责，是自由主义以个人主义反对共同体的公共利益。事实上，源于启蒙理想的自由主义价值观的核心理念是个人主义和平等主义，它内在地包含了自由平等民主团结的资源。多元文化主义对自由主义忽视共同体和公共利益的批评显然并不公允。至少罗尔斯那样的自由主义者对于个人自由、社会平等和民主社会公民的道德素养等基本"社会条件"是十分重视的，其关注程度不在多元文化主义者之下。

在当代条件下，工具理性泛滥，现代性关于个人自主、个性解放的承诺走向了它的反面。极端个人主义的新资本主义观念破坏了社会组织的合作、规范和信任，导致了公民意识即社会责任感的丧失，造成了社会团结资源的流失。多元文化主义在20世纪80年代以后的形势下对极端个人主义进行坚决抵制，是正确的。然而，多元文化主义将规范个人主义和极端个人主义等量齐观，在批评个人权利损害公共利益、破坏多元社会的团结时，基本上没搞清楚：个人本位的个人主义只是一种论证政治平等和社会正义的规范理论，并不与公共美德、公共利益相对立，并非自私自利的自我中心主义。相反，只有从这种个人本位的平等权利中才能合理引申出普遍的平等主义原则。而这种普遍的平等主义是自由主义对多元主义的个人和群体的社会宽容的基础。这种自由平等的个人本位规范是现代性的核心理念，有着丰富的政治哲学、历史哲学的内涵，体现了历史的进步，构成启蒙以来包括马克思主义在内的现代一切进步思想的立论基础。[①] 多元文化主义有意无意地混淆作为现代性核心的个人主义与当代极端个人主义、"原子个人主义"的根本区别，基于此标榜自己以社会、群体为本的道德优越感。多元文化主义的这种错位的自由主义个人主义批判在策略上不可取，在理论上有导致政治哲学观念历史性倒退的危险。在对自由主义个人主义的认知态度上，多元文化主义指鹿为马，张冠李戴，表现出了一副相当玩世不恭的非历史主义态度。

另外，多元文化主义在把自由主义的个人主义规范虚幻化、抽象化的基础上，主张共同体价值高于个人价值，以共同体取代个人作为其理论的立论基础。然而，多元文化主义的"共同体"并不是一个靠得住的严谨概念，而是一个可疑的伪共同体概念。

---

① 马克思在《共产党宣言》、《资本论》（第1卷）中强调：他的未来社会理想是"每个人的全面而自由的发展"，并把社会主义、共产主义称为"自由人联合体"。

从形式上看，多元文化主义处处以群体、社会、国家等共同利益的代表自居，但在实质上，其共同体并非如它自称的那样，是涵盖范围包括小到家庭、社区，大到民族、国家的政治关系和政治意义的各种公民整体。其实，在多元文化主义的视野中根本没有阶级、国家等宏观政治共同体。这些政治实体作为现代性"宏大叙事"的理性概念，早已被多元文化主义视为阻碍多元文化视角的、一元压迫性的理性牢笼而先行解构。因此，多元文化主义的"共同体"是有特定文化含义的多元文化群体，即特指非主流社会的少数和弱势群体。具体地说，这些社会群体即形形色色的小共同体，包括了少数民族、种族族群、移民、难民、土著、妇女和LGBT①群体等边缘群体。

一般来说，多元文化主义追求社会平等、保护少数弱势族群权利的要求天然合理，有进步性。但是，多元文化主义批判的错误在于：它以边缘代表主流，以少数群体假扮共同体，以小众利益冒充大众共同利益，制造了共同体和代表社会共同利益的伪共同体概念。这一伪概念不包括国家，不包括阶级，不包括西方社会的主流人群，与政治共同体的基本概念相去甚远。它所代表的利益因之也只限于特殊边缘群体的小众利益而非大众共同利益。多元文化主义的理论主张以这种小众的多元群体概念为立论基础，其代表公众对抗极端个人主义的道义形象和批判体系根基不存、瞬间坍塌。尤其是多元文化主义以伪共同体概念对抗自由主义的个人主义，实际上是特殊主义的平等要求攻击现代性的个人本位规范，否定普遍主义的个人平等权利。严格地说，普遍主义的个

---

① LGBT 是女同性恋者（Lesbians）、男同性恋者（Gays）、双性恋者（Bisexuals）与跨性别者（Transgender）的英文首字母缩略字。它出现在 20 世纪 90 年代，表达"同性恋社群"一词无法涵盖的相关群体，是性少数，非异性恋者的总称。"LG-BT"是对这四个群体表示尊重的中性词汇，该词的使用有包容的积极含义。

人平等权利与其说是属于自由主义的，不如说是属于人类进步事业的。对个人自由平等普遍权利的否定，是对西方现代化历史进程 300 年以来基本社会成就的否定，是对来之不易的平等主义共识的挑战。因此，多元文化主义对自由主义的个人主义的批判，是一种非历史主义的批判。多元文化主义伪共同体概念也不足以取代普遍主义的个人主义规范概念。

第二，多元文化主义以多元群体至上的理念对冲自由主义的多元主义。多元文化主义时代是彰显更广泛的多元性的时代。多元文化主义者拥抱多元，为各种多元群体伸张和争取多元文化权力。他们不满于自由主义的多元主义（pluralism），而标榜更新潮、更多样的多元文化主义（multiculturalism）。在他们眼中，多元的就是进步的。比如，共同体主义者以多元群体的平等为最高价值；公民资格理论以实现多元群体的身份正名为主要目标；承认理论追求尊重差异、多元认同的平等身份政治。又如，比较典型的多元群体至上论者马瑞恩·杨反对把多元群体差异看作私人领域内的事情，提出需要实行一种能够体现"区别对待的公民资格"（differentiated citizenship）的公民资格体制，要求为处于不利地位的少数多元群体提供承认机制和特殊的代表制度，以保证多元平等权利的真正体现。杨通过这一体制把差异正义上升到公共政治领域，是对多元性的极度张扬。

应当看到，多元文化主义主张的多元主义在理论上并没有创造出比自由主义多元性更多的东西。金里卡正确地指出，自由主义理论本身就具有尊重个人多元选择的包容性，少数族群的多元权利是自由主义理论和实践的天然的组成部分。事实上，罗尔斯自由主义对平等的极致强调，中心是要保护作为边缘多元群体的少数和弱者。在自由主义理论中，从个人本位的平等权利中合理引申出来的普遍的平等主义原则，奠定了对多元主义的个人和群体的社会宽容的坚固基石。多元文化主义的多元平等伦理没有提供超出罗尔斯哲学的普遍主义的多元伦理。因此，多元主义是自由主义的内在应有之义。它实际上涵盖于自由主义内部，无须外求。

同时，多元文化主义主张的多元主义是对自由主义的多元性在道义上、情感上的某种补充，而非取代，且在理论上乏善可陈。金里卡从自由主义的角度吸纳多元文化主义的合理成分。作为自由主义者，他也担心西方民族国家的政治过程没有反映公民的差异，自由主义会消灭一些少数族群的文化，造成少数族群的不平等的文化身份。他认为，稳定的文化脉络和结构能赋予人生活的意义和文化自尊，所以自由主义应当支持少数族群的自治权利，保证他们的文化能得到充分和自由的发展。

然而，政治哲学家也注意到当代多元文化群体的多元权利诉求泛滥的趋势。在金里卡看来，当代少数族群如移民、少数民族、土著、种族群体以及种族宗教群体的权利要求各有不同，但有两个共性：一是他们的群体权利要求超越了我们熟知的个人拥有的共同的公民权利和政治权利，二是这些权利要求旨在使这些文化群体的独特身份和需要得到承认和包容。[①]我们看到，当马瑞恩·杨为处于不利地位的少数群体的多元平等权利要求"区别对待的公民资格"和特殊的代表制度时，她已经把多元主义祭上神坛，把少数多元群体的权利和价值放至至高无上的地位上。凡事有度，过犹不及。对多元权利的这种过度保护已经侵害公民个人的普遍主义平等权利，击穿公民身份平等这一底线。多元群体至上论削减社会资本，破坏社会融合，瓦解公共理性。因此，金里卡强调，对少数族群权利的保护必须是在自由主义宪政框架内实现，也就是说，少数族群对其群体平等权利的诉求不能以否定和剥夺群体

---

① 威尔·金里卡：《当代政治哲学》（下），上海三联书店，2004，第599页。

内公民的个人平等权利为前提，不能突破公民身份平等的底线，不能以破坏社会整合和族群团结为取向。

更重要的是，多元文化主义的过度伸张的多元主义不仅削弱社会团结，还有可能威胁民族国家统一的理性共识和基本的政治认同。自由主义是西方的主流价值观，主张多元价值宽容和自由平等一元价值认同的统一。在美国，这种统一体现在"文化熔炉"的传统中。"文化熔炉"的核心价值，是要使外来文化在基督教伦理的基础上熔铸成平等主义的美国文化。这种平等主义既强调多元宽容，同时也坚持民族国家的价值认同、多元归化。在社会多元化发展最充分的法国，法国大革命以来锻造的"自由、平等、博爱"的传统成为法国多元化公民的国家认同的基础。在德国，通过战后对纳粹主义痛定思痛的全民反思，在自由平等的基本原则之上重铸了公民国家认同的价值观基础。因此，对公民基于种族、民族、性别、工作场所、教育和亲密关系的多元群体及其多元身份诉求的宽容固然重要，但是对民族国家的根本理念和核心价值的一元认同同样不容忽视。而多元文化主义的多元主义的政治逻辑是要将社会分成一个个关注自身的小群体。而且，这种多元关注近年来不仅从较大的多元群体（如移民、黑人、女性、残疾人）移向小群体，而且倾向于越来越细分的多元群体（如黑人女性、LGBTIQ①）。这种多元政治不是促进小群体融入更大的整体中，促进社会融合，鼓励公民认同于国家的根本理念，而是夸大族群差异，破坏了民族国家的理性共识基础。

是否承认与多元宽容并行的一元国家认同，是自由主义理性

---

① I（intersexuality）双性人，Q（Queer）酷儿或对其性别认同感到疑惑的人。LGB-TIQ 是指在 LGBT 的基础上再添加双性人和性别认同感疑惑者这两个更加细化的多样性别类型。

多元主义与多元文化主义的多元主义的最大区别。从性质上说，多元文化主义的多元主义是后现代取向的多元主义。在多元文化主义者眼中，特殊高于普遍，差异高于共识，多元高于一元，小群体的利益高于大共同体的利益。这种认知视角，在多元的旗帜下将社会解构成为越来越细分的身份，越来越微小的共同体，导致社会走向后现代的彻底碎片化，从而以多元为名瓦解了对更大共同体的理性共识。从这个角度看，多元文化主义的多元主义完全否定一元论，颠覆了民族国家的社会融合和理性认同基础，是一种破坏社会团结、瓦解国家共识、从根本上动摇国本的错误理论和观点。多元文化主义没有提供超出自由主义的多元主义的东西，相反却破坏了其赖以生存的社会的统一根基。在规范意义上，多元文化主义的多元主义主张的广泛的多元性不等于普遍化的多元性（即每一个体或群体的多元平等权利）。事实上，多元文化主义不能用小群体的多元性取代和否定个人多元选择的普遍权利，更不能用小群体的多元认同僭越民族国家共同体的一元价值认同。因此，多元文化主义的多元主义不仅没能超越自由主义多元主义，而且由于其自身的理论失误走向其反面。多元文化主义滥用多元、无限扩张和细化多元的结果，使其多元主义的道义主张堕入一种无关宏旨的、琐碎的、漫画化的一地鸡毛之中，其重视社会宽容、社会利益和社会团结、强调公民美德的道德形象也严重受损。

第三，多元文化主义以单一文化主义的身份政治取代阶级政治。文化主义是多元文化主义为自己定位的理论批判方向，文化主义取向的身份政治是多元文化主义最重要的理论成果。从 20 世纪 90 年代初期开始，多元文化主义的身份政治借公民资格理论的兴起开始大行其道，成为冷战后取代社会主义阶级政治的新的左派进步政治。泰勒提出了以文化主义为中心线索的多元现代性，试图颠覆传统的现代性理论。他把西方现代化阐释为社会道德规范变动的结果，从现代性的道德起源上揭示西方"内在于文化"的现代化过程，提出了一种文化主义的道德现代化、世俗化解释。他由此说明西方现代性的特殊性，论证基于文化多元性的多元现代性。他提出了承认政治，要求承认非自由主义主流的其他多元文化的平等地位、现实存在，乃至价值存在，从而将文化主义的身份政治引入西方政治主流。

应当承认，左翼文化主义批判视角的出现有其必然性。从 20 世纪 50 年代末法国存在主义的马克思主义者马勒提出"新工人阶级论"开始，20 世纪 60 年代西方战后一代的文化反叛运动进一步突出了新的多元社会主体争取平等民主权利的文化诉求。以往坚定的新马克思主义左派高兹（存在主义的马克思主义）和普兰查斯（结构主义的马克思主义）等纷纷宣布"告别工人阶级"，转向当代资本主义的新生革命力量新中间阶级及其新左派运动、新社会运动，聚焦文化批判。在 1968 年运动后，西方新马克思主义集体转向文化批判，变身多元文化主义，并以后现代的文化批判全面取代了马克思主义的资本主义经济批判。一般说来，多元文化主义开辟了文化视角的资本主义批判，为西方左派打开了新的话语空间、搭建了新的批判平台，客观上为西方左派的资本主义批判添加了新的助力。就其适应社会多元化和平等主义扩大化现实、开辟资本主义批判新维度而言，多元文化主义居功至伟。

然而，多元文化主义的错误在于：它在提供新批判方向的同时，却走向单一文化主义，彻底放弃了左派经典的资本主义经济政治批判的宏大主题，放弃了传统的阶级政治，实现了左派政治向文化主义的身份政治的彻底转向和替代。在 20 世纪的最后十年，西方传统的社会主义、社会民主主义左派也走向关注新阶级的文化转向。不仅如此，福山作为正统的自由主义者第一个敏感地察觉到，多元文化主义的身份政治事实上已进入西方的主流政治话语。他在《反对身份政治》一文中指出：身份政治不再是仅限于大学校园内或大众媒体的次要现象，相反，它已成为解释全球事务进展的主要概念。这一变化已经颠覆了认为政治斗争是经济冲突的反映这一长期以来的传统。世界各地的政治领袖都依托身份政治的文化观念动员支持者，即他们的尊严被冒犯了、必须恢复这种尊严。左派弱化了对经济平等的关注，转而更多地关注如何促进各个边缘群体利益；右翼将其核心使命重新定义为对传统民族身份的爱国式维护，这种身份通常明显是与种族、族裔或宗教相关。① 在福山看来，多元文化主义已经改变了西方 21 世纪的政治生态。我们也看到，多元文化主义的身份政治的全面主流化，在理论上实践上引发了一系列严重的问题。

文化主义的多元身份政治消解阶级政治和现代宏大叙事，陷入狭隘的文化平等主义，弱化了左翼制度批判的力度。20 世纪政治在很大程度上是由经济问题规定的。自由主义者、社会主义者和社会民主主义者均基于经济主题的阶级政治展开自己的政治议程。进入 21 世纪，文化主义的身份政治带着后现代睥睨一切、碾压一切、粉碎一切的傲然姿态，不断用各种微观政治彻底解构并取代阶级政治和现代宏大话语，试图以身份政治取代阶级政治，以文化抗争取代对经济政治不平等的宏观抗争。这种身份政治（identity politics）也即认同政治不同于以阶级、经济地位划分人群的"利益政治"，强调一个人所认同的价值观念和生活，如宗教信仰、语言文字、生活方式、工作场所、政党归属，乃至性别、肤色、年龄、教育、亲密关系、种族、民族和代际特点，等等。一个人的特

---

① 参见〔美〕弗朗西斯·福山：《反对身份政治：新部落主义与民主的危机》，苏子滢译，转引自澎湃新闻，2018 - 08 - 31，原载本文标题为 "Against Identity Politics: The New Tribalism and the Crisis of Democracy"，载《外交事务》（*Foreign Affairs*），2018 年 9/10 月号，Vol. 97，No. 5。

点和他所关心的"问题"才是他们彼此认同的尺度。多元文化主义将这种身份政治称为"差异政治""尊严政治""生活政治"。在多元文化主义者眼中，尊严高于利益，权力高于权利，文化平等高于经济政治平等。这种文化主义的身份政治表面上非常激进，似乎将文化批判和平等追求渗透进生活的每一个细小毛孔，而实际上无限多元的、日益细化的文化平等身份诉求并不触及利益实质，不追求改变现实的经济政治平等。身份政治在文化上高度敏感，在经济政治利益上高度迟钝。尤其是在全球化背景下西方社会出现两极分化的今天，多元文化主义宁可关心处在收入分配的顶端的硅谷女性高管和好莱坞女明星进一步提高性别平等文化权利，也不去关注铁锈地带因去工业化而个人经济地位受到威胁的工人阶级，不去关注解决收入最高的 1% 的人群和其他人之间悬殊差距，不去着力扭转 30 年来大多数自由民主家社会经济不平等加剧的趋势。多元文化主义对文化平等的狭隘追求，回避了对经济政治极端不平等的全面制度批判。这种因小失大的身份政治表现了 21 世纪左派政治议程和政治战略在实质上的怯懦和倒退。毕竟，争论文化问题远比改变现行政策、实现大规模社会经济变革的实际努力要容易；让女性和黑人进入大学课堂远比增加收入、扩展劳动妇女和少数族群的经济政治平等机会要轻松。多元文化主义视文化平等高于社会经济平等，根本看不到西方社会内部的主要社会矛盾，忽略了美国主要的中产阶级和劳工群体，忽略了社会大多数人的经济被剥夺感和人身不安全感。马克思基于经济政治分析的阶级政治理论不是那么容易被超越的。文化主义的身份政治回避现实批判，试图遮蔽经济政治批判的宏大主题，无力真正解构阶级政治，无力对抗自由主义以及整个 20 世纪左翼的现代社会宏大理性叙事。相反，它使左翼的资本主义批判走向了歧途。因此，就其实质而言，多元文化主义的身份政治不仅缺乏 20

世纪左派阶级政治的制度批判力量，其狭隘的文化平等主义甚至远不及具有经济政治和伦理广阔视角的罗尔斯自由主义的平等主义。归根结底，身份政治要争取的是福柯式的多元的、特殊的文化权力，不是罗尔斯式的涵盖经济政治文化全方位平等意义的普遍的、规范的平等权利，更不是马克思主义从"解放全人类"到"最后解放无产阶级自己"的人类解放事业。

身份政治求取的文化平等不可避免地走向了极端的平等主义。去阶级政治的身份政治以无限多元的、日益细分的、边界不断扩张的小群体的文化平等，瓦解和替代20世纪阶级政治的宏大社会平等计划。① 文化主义的身份政治以变动不居的微小身份的平等议题取代经济政治平等利益和权利的宏大议题。它完全取消再分配视角谈文化平等，充其量是一种民粹化的平等，是一种地地道道的极端平等主义。这种身份政治越多元、越文化、越分散、越激进，就越琐碎、越空洞、越无序、越虚伪。它不仅无助于大众的阶级平等、经济平等、政治平等和社会平等，甚至无助于它试图赋予平等文化权力和身份尊严的少数和弱势群体的经济状况的改善和政治身份的实质性平等。多元文化主义身份政治治疗社会的毛孔，却不触动运转不灵的机体。这种本末倒置的文化批判最终只能沦为口头激进却无关痛痒的平等主义喧嚣，沦为现行制度的文化附庸和点缀。冷战结束后文化主义批判主题在西方兴起，② 身份政治的话语逐渐取代了阶级政治话语的中心地位，说到底是西方左派无力坚持根本性的经济社会政治变革。身份政治借激进的极端平等主义的口号，终究掩盖不了西方左翼放弃资本主义宏观

---

① 从战后约翰逊的"伟大社会"计划、社会民主党的"社会福利国家"政策，到社会主义国家的"共同富裕"理想。

② 各种以"新""后"冠名的"后结构主义""后殖民主义""后物质主义""新发展主义""新（后）葛兰西主义"等，层出不穷，争娇斗艳。

批判的妥协实质。这种极端平等主义的身份政治的唯一出路，是走向无政府的政治民粹主义。

此外还应看到，文化主义的多元身份政治本质上其实是一种认异政治，认异的分裂造成了当下民主的危机。自由主义经典理论内在地包含对民主社会自由平等基本原则的一元理性认同。在美国，这一政治共识具象化为以身份平等和个人主义为特征的"美国主义"①；在法国，它表现为法国大革命以来凝聚社会共识的"自由、平等、博爱"原则，等等。自由主义理论因而包含了文化多元宽容和政治一元认同的统一。而身份政治表面上强调"认同"或"承认"，但是其理论中从来不存在向大的民族或国家共同体认同和归属的成分。身份政治实际上强调的是自己与他人的差异和特点，是向自身特点的认同，本质上是一种"认异"。各种身份群体通过强调自己与别人不同的差异性和特殊性来划分自己的政治界别，达到自身的非常规的"认同"，从而划清与其他群体、与国家认同的界限。身份政治把身份群体的特征和它们之间的界限绝对化，不承认身份群体之间和它们与国家共同体之间的任何普遍性和共同价值理想。这种文化主义的身份政治，说到底是一种差异政治即认异政治。福山不无担忧地指出，身份政治致使"民主社会正断裂为按照日益狭窄的身份划分的碎片，这对社会作为一个整体展开商议和集体行动的可能性构成了威胁。这条路只会导致国家崩溃，以失败告终；如果这些自由民主制国家不能回归于对人类尊严的更普遍的理解，它们将会使自己——以及整个世界——陷

---

① 托克维尔（Alexis de Tocqueville）的《美国的民主》是世界上第一本专门讨论美国人文化价值观的名著。托克维尔发现，铸成美式民主的独特特征的，是美国的独特民情，即美国文化的内部传统，也即他所称的社会地位（身份）的平等和著名的个人主义。

入无尽冲突的厄运"。[①] 身份政治强调极端平等主义的无限多元的文化身份，瓦解了可能形成社会理性共识的代议制程序民主，使社会分崩离析，彻底碎片化；身份政治无限夸大身份群体的文化尊严，价值上破坏了对人类尊严的更普遍的理解，政治上瓦解"信条式国家身份"（creedal national identities）即民族国家的政治认同，导致了西方民主的危机。身份政治导致的这一政治恶果，也背离了多元文化主义者对共和主义的集体共识。身份政治所引发的民主危机和民主劣质化，[②] 使他们走到了其政治理想的反面。

第四，多元文化主义以多元文化同等价值观对抗自由主义的平等价值观。身份政治所体现的极端平等主义诉求和政治倾向，是由多元文化主义的内在价值观所决定的。以泰勒为代表的多元文化主义者以多元文化价值同等的哲学观力证身份至上的极端平等主义政治观。多元文化主义论证多元文化价值同等的基本理论逻辑是：自由主义是理论霸权主义，是假普遍主义；作为其基础的启蒙理性是西方的一元论神话，是对多元"他者"的排斥；现代性不是一元的是多元的，具有多元文化源泉；各种文化都是有价值的；所以，各种文化价值都是同等的，应当得到同等对待。

事实上，作为多元文化主义政治哲学家中最博学的人，泰勒非常清楚其多元文化主义的"文明价值等同论"必将导致相对主义。但是，这并不妨碍他将"各种文化都有价值"[③] 的概念直接偷换成"每一种文明都具有同等价值"的概念。泰勒甚至将多元文

---

① 〔美〕弗朗西斯·福山：《反对身份政治：新部落主义与民主的危机》，苏子滢译，转引自澎湃新闻，2018 - 08 - 31，原载本文标题为 "Against Identity Politics：The New Tribalism and the Crisis of Democracy"，载《外交事务》（*Foreign Affairs*），2018 年 9/10 月号，Vol. 97，No. 5。

② 关于民主劣质化，详见第三部分的分析。

③ Charles Taylor, "The Politics of Recognition", in *Multiculturalism and The Politics of Recognition*, Princeton：Princeton University Press, 1992, p. 68.

化价值的平等承认问题归结为道德问题，将不尊重或拒绝文化的同等价值视为一种道德缺陷。然而，"有价值的"不等于"同等价值的"；对多元差异的尊重不应超越对普遍主义平等价值的尊重。"文明价值等同论"从根本上否定了人类文明近几百年的进步，否定了人类价值观正义与非正义、人道与非人道的历史区别。这相当于说杀人合理的神权政治伦理、希特勒种族主义的人种优劣论与现代自由民主的政治伦理在价值上是同等的。这是一种将文化价值相对性绝对化的相对主义和彻底的价值虚无主义。当多元文化主义把族群之间的价值平等引申到文明发展的层面，强调"每一种文明都具有同等价值"时，就使极端平等主义露出了历史虚无主义的尾巴。而多元文化主义身份政治的极端平等主义的价值观，恰恰是用政治伦理的相对主义为多元文化价值至上的极端主张做哲学背书。伦理道德的相对主义不可避免地走向了历史虚无主义。

　　以极端平等主义为特征的多元文化主义的平等价值观，在理论上是对以自由主义为代表的西方平等主义共识的反动，是向具有前现代性质的绝对平均主义平等观的历史性倒退。多元文化主义者将身份政治看成一种新的"尊严政治"，但是他们往往故意忽视了，所谓尊严政治在历史上是伴随着封建等级制度的崩溃而产生的，以血缘为基础的等级身份政治恰是尊严政治的对立面。旧身份等级制度的瓦解和个体自我的新觉醒推动了人与人之间平等身份的实现。个人尊严观念是现代自由主义的平等价值的产物。尊严政治是平等承认的政治。它从平等的原则出发谴责任何形式的歧视。这种普遍主义的尊严政治强调每一个公民都享有平等的尊严，强调每一个人的权利和资格的平等化。多元文化主义的身份政治则是另一种平等承认的政治，同样谴责任何形式的歧视，尤其是对弱者和少数的歧视。两种平等承认的政治的区别在于，尊严政治要求一种普遍主义的平等，而当代身份政治要求的是承认差异的平等，即不同文化、不同族群、不同的性别都应享有平等的地位。

应当看到，多元文化主义的身份政治在要求对少数和弱者的平等对待之时，乃至在要求自由主义扩大政治平等的边界、尊重少数独特的文化身份并进行政策倾斜以达成实质平等之时，其旨在实现政治平权的平等主义诉求都是合理的、进步的，遵循了普遍主义的权利和平等尊严的原则。然而，多元文化主义的身份政治后来进入了第二种路径和策略，强调按照彼此之间的差异对公民进行区别对待，甚至歌颂和赞美多元文化群体生活体验的特殊性，将少数群体独特的文化体验和生活经验至上化、神圣化，要求对各种多元文化自身独特的历史价值给予更多的特殊社会承认和对待。身份政治的这种要求凌驾于人人享有的普遍平等权利之上，是特殊主义的特殊身份诉求。它要求的特殊对待已经超出平权性质，违背了非歧视原则，突破了平等主义原则的普遍性，有违基本的平等价值观和宪法的平等原则。这种身份政治从普遍主义的平权要求出发，将自己定位于尊严政治，却不期然回归传统的特殊主义身份政治，只是这次回归不是以血缘纽带，而是以多元文化价值的名义要求的特殊身份。就其性质而言，多元文化主义的身份政治不是新的尊严政治，而是新的特殊主义的身份政治，是对平等价值观的历史性倒退。

综上所述，多元文化主义对自由主义的四个方面的批判均使自身理论深陷纠结：为批判极端个人主义，它批判自由主义的自我观，却触动了作为现代社会基础的个人普遍平等权利；为超越自由主义的多元性，它主张群体至上的多元主义，却突破了公民身份平等的底线，有碍社会团结和国家共识；为解构自由主义的现代社会宏大叙事，它倡导文化主义的身份政治，却受到宏大叙事的阶级政治现实的坚硬阻击，陷于无限多元的极端平等主义和政治民粹主义的泥淖；为校正自由主义的平等价值观，它主张"文明价值等同论"，却导致文化价值相对主义和历史虚无主义。

多元文化主义无法提供超越自由主义的现代病救治药方，归根结底是因为它本身与自由主义深深纠缠，无法根本摆脱自由主义的影响。比如，多元文化主义所要创造的社会，不是一种非自由主义的、非民主的共同体，而是它们自己能够得到真正的平等尊重的现代自由主义社会。又如，多元文化主义渴望实现的共和主义政治理想，本身就属于自由主义阵营的一种政治追求。而多元文化主义希望得到的体现实质平等的特殊对待，也不过是在以自由主义为前提的社会条件下才能提出和实现的更高阶的民主权利要求。凡此种种。因此，无论多元文化主义对自由主义的批判如何高调，多元文化主义仍然以自由主义为理论前提、现实背景和未来追求。这种批判在原则上仍属于持有基本的自由主义共识的人们之间的争论。毫无疑问，自由主义有其自身的局限性和虚伪性，它不论在历史还是现实中都没有真正兑现其自由平等的承诺。黑人权利和妇女权利经过了漫长的斗争，近年来才得到较普遍的改善。西方国家宪法规定的平等并没有导致人种歧视、性别歧视的真正消失，尤其是全球化时代的市场经济没有带来经济平等和社会平等，相反两极分化加剧了不平等状况。然而，多元文化主义提出的文化批判方案无助于自由主义这些根本问题的解决，其多元的身份政治也没有达致自由主义无法企及的实质平等。一句话，多元文化主义不是、也无法是准确到位的自由主义批判。归根结底，所谓多元文化主义，不是一个具有独立观点、严整逻辑和完备体系的政治哲学学说。事实上，多元文化主义的极端平等主义的政治伦理战胜不了极端个人主义，其民粹主义政治方案并不构成对理性主义现代秩序的替代，多元文化主义在理论上未能实现其对自由主义的挑战和超越。

三　多元文化主义的政治恶果及其影响

多元文化主义在西方社会耕耘多年，其负面效应终于在 2016 年后全面爆发。多元文化主义的身份政治导致了无限多元的极端文化平等主义和政治民粹主义。而 21 世纪以来，身份政治终于走完了从左翼民粹主义向右翼民粹主义转型的最后一步，右翼民粹主义政治大潮目前已漫灌欧美。本部分从两方面去分析西方右翼民粹主义的成因：一是多元文化主义理论中自带民粹基因；二是多元文化主义身份政治的恶性发展已经为右翼民粹主义的崛起准备了社会条件，提供了理论手段。结局诚如福山所料，"左翼目前践行的身份政治最糟糕的一点，或许在于它也激发了右翼的身份政治。"①

关于多元文化主义的民粹主义基因，前面我们已经分析了多元文化主义的身份政治瓦解社会的基本政治认同、从极端平等主义导向政治无政府主义和民粹主义的理论演进，阐明了多元文化主义与政治民粹主义的内在关联，这一点这里不再赘述。此处需要从追溯多元文化主义的出身来加强对其自携的民粹主义基因的分析。众所周知，多元文化主义是西方 1968 年运动孕育的理论产儿，而 1968 年运动本身就是极"左"的西方青年上演的一场左翼民粹主义、无政府主义的政治盛宴。1968 年运动以其极致浪漫、激情四溅的多元造反大民主形象留在那一代青年的历史记忆中。因此，作为 1968 年的产物，多元文化主义天生具有民粹主义气质。

---

① 〔美〕弗朗西斯·福山：《反对身份政治：新部落主义与民主的危机》，苏子滢译，转引自澎湃新闻，2018-08-31，原载本文标题为"Against Identity Politics: The New Tribalism and the Crisis of Democracy"，载《外交事务》(Foreign Affairs)，2018 年 9/10 月号，Vol. 97，No. 5。

1968 年运动的左翼民粹主义性质也体现在其主要政治遗产中：它开辟了第三左翼（即非马克思主义、非社会民主主义的文化左翼）主导的"新政治"——左翼民粹主义催生了新左派、新阶级、新社会运动和新政治，主导了西方 20 世纪后 30 年的后现代政治潮流。左翼民粹主义是这些多元文化主义新政治从娘胎里带出来的天然胎记。

然而，多元文化主义的民粹主义基因并不必然导致右翼民粹主义。民粹因素是构成民主的中间环节。任何形式的民主都具有民粹成分。多元文化主义中的左翼民粹主义因素在西方 20 世纪后 30 年的平等主义浪潮中，一度构成新参与民主运动的进步成分。造成左翼民粹主义向右翼民粹主义的剧烈政治转折的关键因素，是多元文化主义的极端发展及其由此构成的整体社会政治背景。

多元文化主义的极端发展肇始于"政治正确"的意识形态极端化和极左化。所谓"政治正确"（political correctness），原本是西方政党潜在遵循的一种政治伦理标准，要求在政治上平等待人，尤其是要保护弱者。比如，在言语、政策、行为上不能歧视或侵害少数族裔和弱势群体，不能出于种族、性别、性取向、身体残障、宗教或政治观点的不同而冒犯和歧视任何人。"政治正确"口号出现在 20 世纪 70 年代后的美国，开始只是西方政党政治的游戏规则，在 20 世纪后 30 年逐渐发展成西方所有公共机构、媒体、学术机构乃至整个社会必须恪守的道德准则和政治规范。人们在社会生活中被要求采用中立用语（inclusive language）、文明用语（civility）来表示"政治正确"，比如美国和加拿大忌用一些词语："老人"不说是"Old People"，而说是"Senior Citizens"（长者）；"黑人"不说是"Black People"，而说是"African Americans"（非裔美国人）；"穷人"不说是"Poor"，而说是"Economically disadvantaged"（处于经济劣势者）；"流浪汉"不说是"Bum"，而说是

"Homeless Person"（无家可归者）。对少数族裔的中立称呼甚至已经写进美国的联邦法律，比如东方人（Oriental）、"讲西班牙语的人"、"爱斯基摩人"和"印第安人"已经分别由"亚裔美国人"、"讲西班牙语的美国人"、"阿拉斯加州原住民"和"美洲原住民"取代。否则，就是"具有歧视性的词汇"，就是"政治不正确"。可以说，"政治正确"及其政治规范的形成，反映了美国在20世纪60年代黑人平权运动和青年学生造反运动以后的社会进步，推动了性别平等、宗教宽容、种族和民族等领域的平等。20世纪80年代以后，不歧视少数群体、关照弱势群体、容纳难民、尊重女性权利等，已经成为普遍的道德共识。

然而，在20世纪90年代东欧剧变之后，多元文化主义上升为西方左翼文化主流，致使近些年来"政治正确"在实践中出了大问题。在新自由主义全球化造成西方内部两极分化的社会冲突状况面前，多元文化主义全面推行身份政治进行文化对抗，"政治正确"逐渐激进化、极左化，成为极端平等主义的政治代言。基于身份政治的多元文化主义意识形态夸大和固化群体界限，对少数群体文化价值过分宣扬，对其特殊平等权利要求的过度偏袒，在西方社会演化出一整套不能触碰的社会禁忌。极端化的"政治正确"在现实中导致极左现象泛滥，已经到了严重破坏平等主义原则的荒唐地步，引发公众强烈的不公正感。比如在美国，有关种族、族裔、性别的言论是非常敏感的话题，其"政治正确"的禁忌发展到严重过激、过敏乃至荒唐可笑的地步。前哈佛大学校长萨默斯仅因为一句女性的数学天分不如男生的言论即遭学生抗议、被斥"女性歧视"而黯然辞职。在性别问题上，LGBT问题更是美国大众关注较多的、更敏感的问题。"LGBT"出现在20世纪90年代，词意表示极端重视并宽容性别认同和性倾向的文化多样性。奥巴马执政后期通过媒体和洗脑让LGBT得到社会认可和立法支

持，颁布总统令在高中以上学校全面推行"跨性别厕所"，让同性
恋等 LGBT 人群自行选择上什么性别的厕所。结果政令发布当月，
芝加哥等城市强奸案倍速飙升。为了"尊重 LGBT 人群的平等人
权"，自由派政府不惜破坏美国传统家庭价值体系，限制和侵犯占
人口绝大多数的异性恋主流人群的平等人权。在移民问题上，"非
法移民"（illegal immigrants）在美国居然已成为"不得体的"禁忌
之词，主流媒体和学校知识分子只能使用"无证移民"（undocu-
mented immigrants）一词，否则就涉嫌歧视。非法移民在美国现在
起码有 1200 多万人，奥巴马政府实际上对非法移民采取一种睁一
只眼闭一只眼的纵容政策。纽约等城市已经成为非法移民的合法
"庇护城市"（sanctuary city）。如果不是联邦政府会因此拒付经费，
加州还试图让整个州成为庇护州。非法移民户主家庭的平均福利
是每年 24721 美元（2013 Heritage Foundation 的统计），比纳税多年
的合法移民的福利还要高。在族裔问题上，自由派政府的社会政
策大幅偏向部分有色人种，新闻媒体也不敢批评犯罪的黑人，甚
至对黑人蓄意枪杀警察噤声。奥兰多杀戮和伦敦恐袭之后，美英
两国的媒体只称是本国居民所为，媒体不敢提及他们的穆斯林背
景，唯恐涉嫌种族和宗教歧视、涉入"政治不正确"禁区。相反，
却不惜漠视那些失去生命的无辜亡灵，不去关心法治社会基本的
公平正义。在高等教育资源的分配中，美国民主党政客偏袒非洲
裔、西班牙裔，片面强调按人口比例来分配公立大学入学人数，
把他们塑造成无须付出同等努力就能获得资源的特殊族群。民主
党在上届总统大选中更是进一步支持"亚裔细分"法案，把学业
优异的华人种族入学配额降低到 1%，激起了华人的空前反抗，称
之为"新时期的排华法案""赤裸裸的种族歧视"。更可笑的是，
2017 年招生季，美国出了个斯坦福版张铁生。孟加拉裔穆斯林少

年 Ziad Ahmed，仅凭在入学申请作文上写了一百遍 "黑命贵"①，即被斯坦福大学录取。此事引起网上舆论炸锅，人们感慨今天美国的一流大学已经变成了左派洗脑的集中营，在禁忌面前完全失守公正底线。随着新身份不断发现，新身份和言论的新界限不断设立，社会禁忌会越来越多，日常语言动不动就被认为是冒犯和不敬，普通民众的言论自由受到越来越多的限制。有学者称，"政治正确"的极左发展颠覆了美国价值观。30 年前，美国价值观鼓励个人靠自己，而现在盛行的是一套 "弱者正确、穷人正确"的逻辑，极端到了非黑即白、非此即彼的程度。比如，白人是坏的，黑人是好的；富人是坏的，穷人是好的；男权是坏的，女权是好的；限制移民是坏的，移民难民是好的；凡此种种。这种畸形的 "政治正确"在平等主义的旗号下，破坏了社会的平等主义共识，践踏了大多数人的自由平等权利，实际上造成了新的社会不公。同时，还需要客观地指出，"政治正确"的极左化的演变，除了多元文化主义身份政治自身的理论痼疾引发极端平等主义倾向之外，某些中左翼政党为了选战的需要故意操弄少数群体身份的多元议题，是导致 "政治正确"的极化趋势的重大推手。为了选票，这些所谓的进步主义者不惜让国家赤字增高给穷人更多福利，不惜限制警察对非裔罪犯执法。这反而是对辛勤工作的纳税人、对守法公民包括遵纪守法的非裔的反向歧视。"政治正确"极左教条催生无政府主义，造成民粹主义泛滥，白左猖獗。美国大学、新闻界与好莱坞成为白左大本营，左翼民粹思潮积重难返。"政治正确"在现实中的极端发展和价值错置破坏了社会公正，导致了西方民众对国家发展方向和价值取向的不满和怀疑，埋下了价值观对立、社会撕裂和政治动荡的种子。

---

① Black Life Matters，也有人译作 "黑人的命也是命"。这也是一个以反警察杀害黑人为名、反对美国传统价值的激进组织的名称。

物极必反。"政治正确"极左化极端化的恶性发展为右翼民粹主义的崛起准备了社会前提，极左意识形态的泛滥提供了左翼民粹主义转向右翼民粹主义的第一个契机。而右翼民粹主义崛起的更大的宏观背景在于，多元文化主义的身份政治全面改变了西方的政治生态。进入 21 世纪，多元文化主义身份政治话语的主流化、中心化，使"为承认而斗争""为身份尊严而斗争"不仅成为左派的政治议题，同样成为右派乃至全社会的政治焦点。各国政治领袖都不再谈论阶级政治，纷纷用多元文化主义的身份观念动员支持者。多元文化主义身份政治的恶性发展造成了一系列严重的政治后果，使今天的西方政治乱象丛生。

极化的身份政治首先造成西方左翼政治全面退潮。近 30 年来，号称代表新中间阶级的非左非右的多元文化主义"第三左翼"已经占据西方左翼的中心舞台。它在文化主义的道路上一路狂奔，以文化批判取代政治经济批判，以身份政治取代阶级政治，全面改变左派战略和 20 世纪政治议程。多元文化主义以极"左"的"新政治"迫使西方政治向右转，导致传统西方左翼共产党的社会民主党化、社会民主党的自由主义化。多元文化主义身份政治的中心议程核心是抛弃工人阶级，使传统左翼政党远离其社会基础。传统左翼抛弃工人阶级，也使中下层和底层人民 20 多年来处于无人代表的政治困境。多元文化主义"新政治"客观上助力了近 40 年世界政治潮流右倾化对左翼政治空间的挤压，推动西方左翼运动大退潮，促使西方左派政治走向衰落。

极化的身份政治在损毁左翼政治社会基础的同时，也推进了西方政治的总体右倾化。左派中性化导致的政治角色缺位，是西方政治右转的根本原因。世界政治整体右转的总趋势有两个特征。一是多元文化主义的极左政治与新自由主义秩序和霸权 40 年的稳定统治并行不悖，西方左派已经整体失去制度威胁的作用，甚至无力提出和推动体制内平等主义经济政治改革的重大社会工程和社会政策。新自由主义制度主流根本无惧多元化身份政治的文化抗议，无论其形式多么激烈。这一历史现象表明，多元文化主义"新政治"已经变身为资本主义制度的附庸。二是历史上一向支持传统左翼政党的传统工人阶级和中下层民众集体向右转，成为右翼民粹主义政治的基本盘。这是一个全西方现象。在英国脱欧、美国大选中，被全球化抛弃的工人农民用脚投票，锁定了右翼民粹政党的胜局。欧洲的社会民主制是在工会主义和工人阶级团结的基础上建立的。美国工人阶级选民、传统中产阶级和底层民众一直到 20 世纪 90 年代克林顿时期都是民主党的支持者。西方左派、中左派如今遭到传统民众唾弃，是为他们选择的多元文化主义中间道路（所谓"第三条道路"）所必须付出的历史代价。多元文化主义统摄下的 21 世纪西方左翼政治已乏善可陈，恰似耐格里和哈特的《帝国》所展示的情景，已沦为一群没有政治议程的乌合之众的无政府主义狂欢。[①] 在右翼民粹主义大潮冲击下，西方政党政治至今乱象不止。传统政党政治整体格局也处于动摇和解体的危机之中。

更严重的是，极化的身份政治撕裂社会，引发价值观冲突。在右翼民粹主义大规模兴起之前，从 1968 年运动起源的左翼民粹主义肆虐西方，并在多元文化主义身份政治的加持下得以泛滥社会。极化的身份政治、极化的"政治正确"意识形态、极化的平等主义、极化的民粹主义，破坏了安定团结，毒化了社会气氛。这种极"左"的平等高调与新经济 30 年社会两极分化带来的民生

---

① 可回顾 2011 年 9 月美国那场高喊"我们代表 99%"的"占领运动"，示威者通过互联网组织起来，聚集在美国纽约曼哈顿，试图占领华尔街，并在短期内推向全美。"占领运动"仅仅持续两个月便无疾而终。一场民粹性质的无政府主义盛宴来也匆匆，去也匆匆，事后仿佛从未没发生过，没有留下任何有变革意义的政治成果。相反，右翼民粹的"茶党"运动由于政治议程明确，为 2016 年大选右翼民粹主义的取胜做了意识形态准备和组织动员。

痛苦相对应，引发民间的心理冲突乃至族群对立。多元文化主义的身份政治搅动族群矛盾和激化社会冲突，使整个社会浮躁不安，充满戾气。美国社会出现南北战争以来从未见过的撕裂现象。2016年的美国总统大选则把社会撕裂的现实明呈于台面，上演了一出根本文化理念剧烈冲突的大戏，被视为一场"价值观对决"。价值观冲突暴露了美国社会的民粹化生态。

社会政治生态的民粹化导致了西方现实中的民主危机，美国民主正在走向民粹政治。以往人们谈论民主的危机，主要是批评民主选举虚伪形式下的金权政治；民主体制决策程序烦冗、官僚低效；媒体为吸引眼球制造新闻噱头，娱乐至死麻痹大众，导致政治冷漠症等。西方战后有限的几次民主体制震荡也不过是1968年的短暂无政府主义脱轨或美国尼克松时代的"水门事件"。而当下的民主危机则名副其实，是现实发生的、趋势向下的民主劣质化。民主劣质化表现在政治体制、政党政治、新闻舆论和网络新媒体等方方面面。一是滥用全民公投，无节制地进行"直接民主"，以无政府主义的大民主削弱程序民主，冲击和伤害代议制民主机制。[①] 2016年西方右翼民粹主义政治浪潮起自英国脱欧公投。英国政府将涉及外交、安全和国家命运的重大脱欧问题交给全民公投，不负责任地放弃了精英政治和民主体制的职责，从而将英国引向了不可控的方向。二是政党政治民粹化，党争达到白热化程度，形成前所未有的精英对立。以往传统的两党竞争尚有政治伦理可言，而现在国会两院基本不存在政治议题和重大政策的严

---

① 近年来，欧洲大规模的"公投潮"兴起，据《经济学人》杂志统计，从2005年至2010年的30多次公投上升至2011~2015年的接近50次。公投的存在原本是为了弥补代议制民主的缺陷。然而，在民粹主义浪潮的裹胁下，全民公投的滥用实际上是政治精英推卸和放弃责任，以直接民主取代和破坏程序化的代议制民主。全民公投已经成为被玩坏了的大民主。

肃讨论，完全不论是非、以党派划线站队。三是新闻自由价值不存、声誉不再。媒体沦为党争工具，为造舆论黑化对手不择手段，罔顾事实，致使遮蔽真相的假新闻频发。新闻从业人迎合民粹比污比烂比毒舌，政治抹黑无底线、无操守、无下限。即使是习惯新闻自由、政治互撕的西方民众对媒体这种民粹化乱象也感到极度不适。四是网络新媒体变成民粹工具。各大社交网站成了政治喷子宣泄民粹情绪的垃圾桶。他们挑动群众斗群众，操弄舆论，撕裂社会，严重影响社会团结。新闻媒体的党派化、民粹化使之失去政治监督和民众喉舌的作用，难以代表社会良心，难再称为社会公器。民主培育公民，民粹产生暴民。2018年美国中期选举已经全程展示了前所未有的劣质民主的乱象：两党都在煽动极化的民粹情绪，导致邮寄炸弹、教堂枪击等恶性事件频发，劣质民主正在趋于暴民政治。围绕特朗普个人去留，近几年内美国社会由于社会撕裂出现民主危机、激发暴民政治的危险时刻存在。

在多元文化主义建构的民粹化社会政治生态下，在极端化"政治正确"长期营造的极左政治氛围中，从左翼民粹主义向右翼民粹主义转变的条件已经成熟。毋庸置疑，2016年崛起的右翼民粹主义不是单纯的民粹主义，它有纲领、有政治议程、有明确的价值取向和政治目标，是英美保守的自由主义"另类右翼"发动和主导的一场右翼民粹主义政治运动。然而，它们全面使用了多元文化主义身份政治的话语系统和规范，成功地包装了保守的自由主义的目标和图谋；精心地利用了多元文化主义构造的民粹化社会政治生态及其危机，成功地动员和整合了支持右翼民粹主义的社会基础和政治力量。2016年英国脱欧、特朗普在美国总统大选中逆袭取胜，令人震惊地展示了右翼民粹主义政治潮流的猛烈程度，也充分显示了其利用多元文化主义身份政治的策略的成功。

首先，右翼民粹主义利用白人主流社会多年来积压的对"政治正确"造就的极化社会禁忌的痛恨情绪，公开反对"政治正确"，以捍卫宪法"言论自由"为名，动员了以肤色划线的民族（种族）主义势力。西方左翼政党一向以弱势族群的身份代表自居，坚持反种族主义的激进姿态，多年来从事支持少数多元族群的身份政治，却低估了多元文化主义妨碍民族融合的可能性。美国的 WASP 人群（White Anglo – Saxon Protestant），即白种的盎格鲁撒克逊的清教徒，是在北美新大陆开疆辟土、建立美利坚合众国的第一批人。他们自认为是最正统的美国人，却成了极化"政治正确"的主要受害者，多年来深受"政治正确"极化社会禁忌的极大约束，动辄得咎。美国左派反常识的政治禁忌把白人，尤其是白人男性作为潜在的批判对象，视为对种族、女性等弱势群体施行文化压迫的"特权阶层"。从这个意义上，右翼民粹主义是对极化的"政治正确"教条的某种反拨。然而，在右派的恶意操弄下，WASP 作为"被批判的压迫者"，不仅将怒火指向了确定他们身份"原罪"的"政治正确"规范，而且指向了多年来促成这些规范形成的左派，从而成为右翼民粹主义的忠实拥趸。WASP 的文化身份定位激发了他们对民族或宗教的文化怀旧，使他们无比怀念过去的美好时光。具有这一身份特征的长枪党、基督徒、农场主、产业工人等白人社群，被右翼民粹主义用身份政治语言蛊惑，认定"我们才是受反向歧视的群体"，故而在英国脱欧、美国大选中成为右翼民粹主义的选举基本盘。右翼民粹主义甚至造成了多年沉寂的白人种族主义回潮，将民族主义情绪引向反拉丁裔、反伊斯兰、反中国移民的方向，制造了新的社会撕裂。美国大选期间，一本《美国独行》① 成为动员 WASP 的教科书。大选之后，

---

① Mark Steyn, *America Alone: The End of the World as We Know It*, Regnery Publishing, Inc. Hardcover, 2006.

围绕南方推倒李将军塑像和联邦大法官任命的激烈冲突，充分暴露了右翼民粹主义潮流下美国社会深深撕裂的现状。政治正确之争反映的是半个世纪以来美国社会内部自由派和保守派在文化上的较量。特朗普回应和安抚了过去 40 年被忽视的 WASP 的失落心态，利用身份政治把自己打造成他们的身份代言人。

其次，右翼民粹主义利用了被左派政治抛弃的工人阶级和底层民众缺乏利益代表的现状，娴熟地运用多元文化主义身份政治话语，以"人民"的名义动员了工人农民和底层社会。本来，造成西方工人阶级困境的产业空心化和严重的社会两极分化，是信息产业革命后西方右翼的新自由主义政策的产物。近 30 年来资本向金融和信息产业转移的后果是西方产业部门的衰落、工人阶级因去工业化而失业，以及一系列社会弊端的产生——西方城镇凋敝、犯罪率上升、毒品泛滥、工人阶级家庭生活状况恶化，以及贫困的代际传递。右翼民粹主义者却把本国没有解决好传统劳动力再就业和社会再分配所导致的这些严重的经济社会问题转化为文化身份的尊严问题，把工人阶级的经济地位下降变成文化尊严受损的被忽视感（perception of invisibility）。遭受经济剥削的工人阶级群体感到自己以各种不同的、独特的方式被边缘化了。这样，右翼民粹主义毫不违和地使用已为大众普遍接受的多元文化主义的习惯语言，巧妙地把阶级政治转变成文化战争，转变成遭遇不公正的生活经验引发的为平等尊严而斗争的身份政治。右翼民粹主义把两极分化、社会崩溃的内因外推，指责是移民、是中国等新兴经济体的工人抢夺了西方工人的工作和饭碗，用"让制造业回家""买美国货""雇美国人"来忽悠工人，强化他们的身份尊严丧失感。由此，他们通过制造工人阶级的受难者身份形象，把自己打造成铁锈地带产业工人阶级和底层劳动人民的代表，用身份政治俘获和抢夺左翼的传统社会基础，大肆掠夺左翼遗留的政治空间。这种情况在美国、英国和许多欧洲国家同步发生，阶级政治的主题被淹没在多元文化主义的鼓噪之中。人们看到，西方发达国家历史上罕见地出现了右派代表工人阶级和底层人民的奇特现象。右翼民粹主义成功地用多元文化主义的身份政治把西方左派的传统社会基础收拢在右派的羽翼之下，西方工人阶级被右翼民粹主义浪潮所裹胁。

此外，右翼民粹主义利用在全球化受损的传统西方社会各阶层的不满，制造美国的受害者身份，借助身份政治反全球化，以"爱国主义"的名义，动员了关心西方文明前途的广泛社会阶层。美国的右翼民粹主义运动主要起源于全球化背景下移民的大量涌入和美国白人中产阶级的不断萎缩，而全欧范围近两年的右翼民粹主义烈火则主要是被点燃于大量难民的涌入及其所带来的社会安全、经济安全、政治安全乃至人身安全的威胁。美国等西方发达国家在总体上经济发达、生活富裕，但在过去 30 年间，收入不平等的现象极度加剧；大部分人口收入增长停滞；社会中的大部分人经历了社会阶层的下滑。西方传统主流的中左中右建制派执政精英长期漠视民间的痛苦和不满，围绕权力的党争日益激烈，两党双方却都没有提出有力措施去应对全球化后果——日益扩大的两极分化、大规模人口流动引发的安全风险等内外双重危机。在左翼忽略了美国主要的中产阶级和劳工群体，忽略了社会大多数人的经济被剥夺感和人身不安全感的情况下，右翼民粹主义者充分调动了以中下层中产阶级为主，包括"老白穷"在内的全球化受损阶层的危机感，在选战中用"让美国再次伟大""赢回英国""荷兰优先"等的民族主义、爱国主义复兴纲领，激发了西方人的身份感和尊严感。在右翼民粹主义的煽动下，西方社会中以往"沉默的大多数"被卷进"反移民""反难民""反外国劳工"的极端民族主义潮流之中，在英国脱欧、美国大选、荷兰大选、奥地利大选等各层次选举中力挺右翼民族主义政党。比如，在中美贸易摩擦中，特朗普、彭斯等人把全球化的负效应归结为"中国人抢走了我们的工作"，用"他们富了""我们穷了"的"比惨"方式进行煽动，动员美国全社会的极端爱国主义情绪，把自己塑造成爱国主义者的代表。

同样是使用身份政治话语，右翼民粹主义与左翼民粹主义相比，表现出两大不同特点。一是极具草根性和动员力。以特朗普为例，他的政见和风格不仅不同于左派，不同于共和党建制派，甚至不同于他崇拜的里根，他自始至终把自己的身份定位于平民的代表、工人农民的代表、普通爱国者的代表，把民粹主义天然具有的草根性、非理性和极端性发挥到极致，把多元文化主义提倡的极端平等主义发挥到极致，从而把自己打造成反建制、反官僚、反精英的超级英雄。他不按常理出牌的极端行为方式和"美国第一"的极端主张，以极端的方式戳中了美国人的民族主义、爱国主义文化情感的软肋；他粗鄙的个人风格、没有政治经历的政治素人身份，反而给烦透了无能的精英政治、烦透了"政治正确"教条的普通民众以"接地气""说真话"的新鲜政治形象。在精英政治的"政治正确"失灵的地方，右翼民粹主义迅速提出了自己的鲜明主张。特朗普反移民、反恐、修墙，与全世界打关税战的一系列极端民粹政策，导致反全球化力量的迅速集结，具有比左翼民粹主义更强大、更迅捷的动员力和行动力。

二是与左翼民粹主义者相比，右翼民粹主义并非多元文化主义的忠实拥趸。左翼民粹主义至少真诚地、天真地相信多元文化主义的平等主义取向，而作为自由主义阵营最保守的一端，"另类右翼"的右翼民粹主义并不以多元文化主义为哲学基础，只承认市场竞争的平等即自然秩序，不接受全面社会平等的理念。"另类右翼"是有坚定的内在纲领、核心价值和政治目标的政治团体。

他们领衔的右翼民粹主义者是保守的自由主义者、自由市场原教旨主义者（即新自由主义者）、极端的大国沙文（爱国）主义者、基督教福音派的宗教激进主义者和极端的民族主义者。右翼民粹主义只是借助极"左"的多元文化主义身份政治的理论和现实，冒充最民主的、最无政府的多元主义，精心包裹了其极右的政治主张。也就是说，另类右翼接过了左派身份政治的多元理论和舆论手段，把政治经济议题塞进文化身份的框架，以受害者身份动员了欧美民众。同时，它还在用种族、民族身份在组织上成功地收编了西方左派的社会基础。对于玩弄多元文化主义这个道具，右翼比左翼用得更熟，演得更像。目前，在右翼民粹主义已成西方政治主流的条件下，另类右翼用比多元文化主义更极端的方式，恶意撕裂社会，激化族群矛盾，裹胁对现实不满的大量民众追随右翼民粹主义政治潮流，把美国引向了具有极大政治不确定性的未来。

综上所述，多元文化主义导致的最大的危害，是右翼民粹主义世界性政治潮流的崛起。多元文化主义不仅为右翼民粹主义的崛起准备好了土壤、温度、社会基础和各种条件，还把理论手段送到了右翼民粹主义的手边。多元文化主义是右翼民粹主义的神助攻。在世界性右翼民粹大潮中，多元文化主义助纣为虐，成全成就了右派的大反转。西方政治右倾化将是一个长期持续的过程。多元文化主义身份政治在击败马克思主义左翼和社会民主主义左翼之后，这一次终于反刃自身，成了它最初想谋求的多元平等的自杀大杀器。从某种程度上说，多元文化主义身份政治是西方白左对西方文明的戕害，同时也是西方左翼的政治自戕。在西方文明的黄金时代，多元文化主义式的批判可以是左派的自恋和撒娇；而在西方整体实力走下坡路的条件下，极左已经是不合时宜的矫情。为了战胜持续40年的新自由主义霸权，为了战胜全球右翼民粹主义政治潮流，西方左翼必须彻底反思多元文化主义，反对身份政治。

图书在版编目（CIP）数据

全球文化发展观察. 2018. 西方多元文化主义反思：
对西方右翼民粹主义政治思潮崛起之因的哲学探源／中
国社会科学院中国文化研究中心主编；周穗明著. -- 北
京：社会科学文献出版社，2019.12
 ISBN 978 - 7 - 5201 - 5699 - 8

Ⅰ.①全… Ⅱ.①中… ②周… Ⅲ.①文化发展 - 研
究报告 - 世界 - 2018 Ⅳ.①G11

中国版本图书馆 CIP 数据核字（2019）第 261359 号

全球文化发展观察（2018）

西方多元文化主义反思
——对西方右翼民粹主义政治思潮崛起之因的哲学探源

主　　编／中国社会科学院中国文化研究中心
执行主编／章建刚
著　　者／周穗明

出 版 人／谢寿光
责任编辑／张　超

出　　版／社会科学文献出版社·皮书出版分社（010）59367127
　　　　　　地址：北京市北三环中路甲 29 号院华龙大厦　邮编：100029
　　　　　　网址：www. ssap. com. cn
发　　行／市场营销中心（010）59367081　59367083
印　　装／三河市东方印刷有限公司

规　　格／开　本：787mm × 1092mm　1/16
　　　　　　印　张：3.75　字　数：44 千字
版　　次／2019 年 12 月第 1 版　2019 年 12 月第 1 次印刷
书　　号／ISBN 978 - 7 - 5201 - 5699 - 8
定　　价／98.00 元（全四册）

本书如有印装质量问题，请与读者服务中心（010 - 59367028）联系

全球文化发展观察（2018）

主　　编：中国社会科学院中国文化研究中心
执行主编：章建刚

2016年俄罗斯联邦
国家文化状况报告

The National Report on Culture Condition in
Russian Federation in 2016

俄罗斯联邦文化部／编制
祖春明　董玲　杨璐榕　刘敏／编译

社会科学文献出版社
SOCIAL SCIENCES ACADEMIC PRESS (CHINA)

编译者简介

祖春明 中国社会科学院哲学研究所副研究员，中国社会科学院中国文化研究中心俄罗斯中亚国家研究部主任，文学博士；参与或主持多项国家社科基金重大课题和中国社会科学院课题，出版专著2部，主持编写论文集1部，在国内外发表中俄文学术论文、译文30余篇。

董　玲 大连外国语大学俄语学院教师，曾任俄罗斯新西伯利亚国立技术大学孔子学院汉语教师。主要研究方向为语言文化学、区域学、翻译，主持并参与多项国家级、省部级科研项目，译有《托尔斯泰妻妹回忆录》《汉学传统与东亚文明关系论》等。

杨璐榕 2016年毕业于大连外国语大学俄语口译专业，具有俄罗斯交换留学经历。毕业后一直在哈尔滨理工大学（荣成校区）外语系担任俄语教师，现任俄语教研室副主任。

刘　敏 2015年毕业于大连外国语大学俄语口译专业。曾获国家留学基金委公派留学资格，赴莫斯科师范大学交流学习，参与托尔斯泰年谱等书翻译。现就职于央视国际网络无锡有限公司。

当代俄联邦文化政策：探索独特的
现代文化发展模式

祖春明

本人开始关注俄联邦文化政策始于 2014 年。当时距苏联解体已过去 20 多年了，这为我们考察当代俄联邦文化政策的演变过程提供了一个恰当的时间跨度。在《当代俄罗斯文化政策的初探》①一文中，本人在考察了近 20 年俄罗斯文化政策的历史演变过程之后认为，俄罗斯正试图建立一种与它的民族精神和文化传统相适应，同时又符合现代性社会基本制度设计要求的文化政策模式。这份《2016 年俄罗斯联邦国家文化状况报告》再次向我们证明，当代的俄联邦文化政策依然在探索独特的现代文化发展模式。

一　《俄罗斯联邦国家文化状况报告》：
文化政策调整期的重要举措

俄罗斯是一个有自主性精神传统的文化大国。在经历了苏联的文化管控期后，后苏联时期的俄罗斯文化政策并没有全面复制西方的模式，而是经过 20 世纪最后十年的政策模糊期后，在 21 世纪初逐渐进入政策的全面调整期。

---

① 祖春明：《当代俄罗斯文化政策的初探》，《福建论坛》（人文社会科学版）2017 年第 12 期。

2000 年，普京当选俄联邦总统，他所面对的是一个亟须恢复稳定和秩序的社会。苏联解体后，意识形态领域出现真空，俄罗斯可能转向各种信念与教条，甚至面临再次解体的危机。因此，普京将文化的发展与国家的稳定和社会秩序的重建联系在一起。由俄联邦文化部、经济发展部和财政部共同制定的《俄罗斯文化（2012~2018）》开篇就指出："今天的文化领域已经成为现代社会的核心概念和国家调控的重要领域。"这标志着俄罗斯文化政策进入重塑和调整期。

按照俄联邦政府的说法，2013 年是俄罗斯国家文化政策调整的关键一年。由于国际形势的改变和俄国内社会积极文化的发展，必须要建构全新的国家文化政策范式以适应社会不同领域的现代化进程，以帮助形成俄罗斯的民族认同和应对 21 世纪的挑战。在这一年中，俄联邦政府出台了一系列政策文件来宣示全面构建新型国家文化政策，其中最为重要的就是俄联邦文化部发布的《俄罗斯联邦国家文化状况报告》。

首部这种年度报告是《2013 年俄罗斯联邦国家文化状况报告》，发布于 2014 年。截至目前，俄联邦文化部共发布了 5 部年度报告，分别是《2013 年俄罗斯联邦国家文化状况报告》、《2014 年俄罗斯联邦国家文化状况报告》、《2015 年俄罗斯联邦国家文化状况报告》、《2016 年俄罗斯联邦国家文化状况报告》和《2017 年俄罗斯联邦国家文化状况报告》（正在翻译中，计划于 2019 年出版）。

2014 年 7 月出台的联邦法律《俄罗斯联邦文化立法基础》规定：《俄罗斯联邦国家文化状况报告》旨在客观系统地分析文化发展的现状及趋势，应在第二年的 9 月 1 日前由俄联邦政府提交俄联邦两院议会，公开文化发展现状的信息，并允许出版和公开讨论。客观来讲，我们在 2017 年下半年甚至 2018 年初才可能公开获取《2016 年俄罗斯联邦国家文化状况报告》，虽然存在一定的时滞性，但它仍为我们动态地把握俄罗斯新型国家文化政策的建构过程提供了重要的参考依据。

本报告是《2016 年俄罗斯联邦国家文化状况报告》全译本，它延续了中国社会科学院中国文化研究中心（以下简称"文化研究中心"）译介国外文化政策的传统。文化研究中心在 2000 年底由时任中国社会科学院院长李铁映提议建立。自成立之初，它就致力于从国家文化政策层面研究文化发展，并对国外文化政策进行系统翻译研究，译介包括英国、澳大利亚、美国等国的文化政策文本，翻译出版了 3 辑《国际创意经济报告》等。文化研究中心围绕欧美发达国家的文化政策所做的译介和研究，为我国的文化决策部门提供了重要的参照，但由于外语人才的缺乏，俄罗斯等独联体国家的文化政策始终没有得到应有的关注。而这些国家的文化发展态势又与我们的发展战略高度相关，值得我们特别关注。现在我们力图填补这个空白。

二　俄罗斯文化政策的主要任务：
应对 21 世纪的现代化挑战

进入 21 世纪以来，各国政府越来越深刻地意识到文化在社会发展和国际竞争中的重要意义，欧盟国家如此，英联邦国家如此，俄罗斯也是如此。俄罗斯是传统的文化大国，十月革命后俄罗斯文化虽出现断裂，但也形成了特殊形态的苏联文化，且在当时的社会主义阵营中具有相当大的影响力。1991 年苏联解体后，俄联邦政府开始实施"俄罗斯文化复兴"的国家文化战略，俄罗斯文化政策也由原有的苏联模式向新的模式转变。2013 年《俄罗斯联邦国家文化状况报告》的发布更标志着俄罗斯文化政策迈出了战略性的一步。

考察以上战略性文件可以看出，俄罗斯构建新型国家文化政策的基本目的是为了应对国际国内形势的新变化和新挑战。今天，俄罗斯面临着来自多个方面的挑战。其中最重要的来自两个方面：对内缺少统一的文化空间，对外文化影响力在不断下降。统一文化空间的丧失会导致多种后果：公民的国家认同被削弱、宗教复兴或传统民族文化在公民价值体系中比重加强，乃至出现分离主义倾向，最终威胁俄罗斯国家的完整和稳定。

随着俄罗斯国力的衰弱，其文化的国际影响力也在随之下降。但自 19 世纪起，俄罗斯文化在世界上很大区域内，特别是在苏联地区的影响力是相当广泛和深入的。尽管这种影响力在苏联解体后不断受到独联体国家"去俄罗斯化"进程的削弱，但俄罗斯仍然相信，"文化还是扩大俄罗斯国际影响力的重要战略资源"。

因此，当代俄联邦文化政策的主要任务就是既要对内形成凝聚力，促进统一文化空间的形成，又要对外形成不断强化的文化影响力。这里说的对外形成文化影响力又可以进一步区分为两层：第一层是针对俄语国家和苏联各加盟共和国，至少是其中的一部分，例如中亚、白俄罗斯等；第二层是最终对世界尤其是发达国家产生一定的文化影响力。

《2016 年俄罗斯联邦国家文化状况报告》进一步表明了新型文化政策在现代俄罗斯社会发展中应当发挥什么样的功能，其中就包括：促进民族间团结和国家稳定；培养公民成熟的人格和提高文化素养；通过文化交流和输出扩大俄罗斯的国际影响力等。

此外，报告还详细地列举了俄联邦政府为实现以上目标所采取的重要举措，其中值得关注的包括以下几个方面。第一，从文化立法上来看，2016 年文化立法非常活跃：已经出台的文化领域重要联邦立法项目 9 项，2017 年 7 月前出台的联邦法律 4 项，2016 年和 2017 年上半年一读通过的法案 4 项，处于商讨或审议阶段的法案 9 项。

第二，从重点实施的文化项目上来看，2016 年俄联邦重点实施的项目主要包括国际层面的俄罗斯文化日、俄罗斯文化年、"圣彼得堡国际文化论坛"等；国内层面的"故乡文化""文化遗产保护""为文化教育机构配备民族乐器"等项目。国际层面的重点项目旨在推动俄罗斯文化在国际舞台上的交流与合作；国内层面的重点项目旨在加强国内文化资源在乡村和中小城市中均质分布、提高文化教育的质量以及实现文化遗产的科学普及。

第三，从加大经费支持力度上来看，尽管自 2010 年起，文化综合预算支出在国内生产总值中的比重在持续下降，但俄联邦统计局的数据显示，2012～2016 年，俄罗斯联邦总预算对文化和电影的支出呈现递增趋势。2012～2016 年，俄联邦综合预算和预算外基金对文化领域和电影艺术的支出增长了 24.3%。值得强调的是，增长的部分主要来自预算外投资，也就是预算外基金对文化领域和电影的投入占比在逐年增加。[①] 由此可见，俄罗斯在文化发展战略上设置了自己独特的目标，并积极采取各种可能的措施积极推动文化的发展。

三　研究俄联邦国家文化政策对于我国的战略选择具有重大参考价值

俄罗斯与我国具有密切的地缘政治关系，也是"一带一路"沿线重要节点国家。根据我们在中亚地区的调研经验来看，俄罗

[①] 据该报告称，仅在 2014～2016 年，俄联邦预算划拨给文化和电影的资金就缩减了 105 亿卢布（从 2014 年的 978 亿卢布降至 2016 年的 873 亿卢布）。预算外融资的情况可参见本报告第 6 部分的第 5 小节——文化领域拨款，其中对行业协会、私人企业对文化领域的投融资做了一些数据说明。

斯在中亚地区的影响仍不可小觑。中亚地区又是"一带一路"倡议得以落实的关键区域。自 19 世纪以来，文化就成为俄罗斯对中亚地区施加影响的重要手段。

从宏观的层面上来看，对于俄罗斯这样的文明型国家（亨廷顿意义上的"文明型国家"）而言，文化的战略选择在某种程度上就意味着国家的发展取向选择。因此，持续关注和考察俄罗斯文化发展现状和趋势有利于对其国家发展战略的选择方向进行预判。

在这个层面上，我们计划连续 5 年出版前一年的文化发展报告，并于 5 年后在此基础上完成 1 部分析性报告，总结俄联邦 5 年来文化发展的主要方面和存在的问题，对其未来发展趋势进行预测，并为我国的战略选择提出参考建议。《俄罗斯联邦国家文化状况报告》由俄联邦文化部制定发布，是我们从整体上把握俄罗斯文化发展状况和趋势的权威渠道之一。

因此，我们有必要至少 5 年连续译介文化状况年度报告。这个时间跨度非常重要。缺少时间维度会使我们的分析流于表面形式，不能准确地发现真正的问题所在。较长的时间跨度又会减弱年度报告的即时效应，错失预测其文化发展趋势的最佳时机。

从中观上来说，俄联邦文化政策的调整对于我国文化政策或许具有某些启示意义。首先需要强调的是，俄罗斯政府在对文化的社会功能认知上，其立场和态度值得我们深思。当代俄罗斯文化政策表明，文化绝非社会发展的一种附属和次要的手段。在某些情况下，它是主要和决定性的手段。这种态度提示我们要摒弃对文化的传统认识，切实站在现代社会发展的必要前提基础之上重新反思文化的作用。

其次，尽管鉴于全球化时代民族国家的地缘政治博弈，俄罗斯的文化政策要缔造当下的独特性，即它要体现和适应俄罗斯民族的独特文化特性，但又要具有长远的普遍性。因此，它需要完成现代国家的基本制度建设。这就意味着，在现代国家体制转型的大背景下，文化政策是民主制度、公共服务的一个组成部分，作为政府机构，要向国家和公民进行工作汇报。

　　总之，译介国外文化政策文本一直以来都是文化研究中心的工作传统。对当代俄联邦文化政策的译介和研究可以与欧美发达国家文化政策研究形成对照和补充。从某种意义上来说，研究俄联邦等后发型现代性国家的文化政策对于我们的启发意义更大。我们在很多方面上极为相似，但在另一层面上又极为不同。在全球化的大背景下，我们对很多问题的探索最终会殊途同归。

目　录

2016 年俄罗斯联邦国家文化状况报告

（2017 年，莫斯科）

董　玲　杨璐榕　刘　敏译

前　言

俄罗斯国家和社会愈来愈重视文化及文化政策在国家生活中的重要意义，也意识到民众成熟个性的协调发展与加强民众团结的重要性。

在一系列战略规划文件中，俄罗斯都将文化发展确定为国家的优先发展方向。其中，《俄罗斯联邦国家安全战略》①将文化确定为国家长期优先发展方向之一。《国家文化政策基础》②和《2030 年前俄罗斯联邦国家文化政策战略》③中规定：文化和人文发展是国家经济繁荣、主权完整和稳定的基础，国家文化政策应优先保障其发展。

2016 年，俄罗斯各部门首次协调合作，系统地落实了国家文化政策：通过了《2030 年前俄罗斯联邦国家文化政策战略》，并确定了该战略在 2016～2018 年的具体落实计划，④俄联邦执行机构、

---

① 经俄罗斯联邦 2015 年 12 月 31 日第 683 号总统令批准。
② 经俄罗斯联邦 2014 年 12 月 24 日第 808 号总统令批准。
③ 经俄罗斯联邦 2016 年 2 月 29 日第 326 - P 号政府决议批准。
④ 根据俄罗斯联邦 2016 年 12 月 1 日第 2563 - P 号政府决议。

俄联邦主体执行机构、社会及非营利组织负责执行上述计划。

本报告体现的是 2016 年俄罗斯联邦文化发展状况和主要发展趋势，以及《2030 年前俄罗斯联邦国家文化政策战略》中优先发展方向的政策落实成果。

国家文化政策的落实机制包括：2013～2020 年《俄罗斯文化和旅游发展纲要》、《信息社会（2011～2020 年）》、《俄罗斯联邦民众爱国主义教育纲要（2016～2020 年）》以及作为联邦目标纲要的《"俄罗斯文化"（2012～2018 年）》和《俄罗斯联邦出入境旅游发展目标规划（2011～2018 年）》等。

《2016 年俄罗斯联邦国家文化状况报告》中有关文化现状的数据源于联邦国家预算机构俄联邦文化部国家信息计算中心、联邦国家统计局以及国家其他统计核算单位对文化领域的数据统计；俄联邦及联邦主体执行机构、地方自治机构、文化部门、科教组织、社会团体及其他文化组织提供的分析、决算等信息。

一 维护统一文化空间，激活国家文化潜力

（一）俄罗斯电影年，电影业的发展

2016 年是第三个人文年——俄罗斯电影年。此类活动有助于巩固国家统一文化空间，推动文化取得实质性进展。电影年期间，俄罗斯各地区、各部门共举办了 3000 多项活动，旨在发展俄罗斯电影业，提高人们对国产电影的兴趣。

电影基金会数据显示：2016 年俄罗斯 1388 家影院（4400 个影厅）共放映了 487 部新电影，其中包括 156 部国产电影（较 2012年增长了 85.7%），共售出 1.916 亿张电影票，票房总计 482 亿卢布，其中国产电影票房达 86 亿卢布（影院的国产电影票房收入占比 17.8%）。

较之 2012 年，俄罗斯 2016 年电影票房增长了 22.4%，国产电影同期上座率显著提高，票房增长了 40.8%。2016 年，俄罗斯国产影片观众达到 3520 万人次，比 2012 年（2870 万人次）高出 22.6%。

在俄联邦文化部的倡议下，地区电影普及计划得到近 30 年来首次恢复。按照该计划，2015～2016 年，全国升级改造 437 个影厅，总计投入 21.55 亿卢布，另有 24 家马戏团参与电影普及计划，将为儿童和青少年观众放映国产电影。

剧情片、喜剧片和动画电影最受观众喜爱。在现代国产影片中，观众最感兴趣的是引人入胜的故事情节、演员的精湛演技以及电影的强烈代入感。同时，电影成本回收率低导致电影工业缺乏投资吸引力，因此电影在很大程度上需依赖国家的扶持。

发展俄罗斯电影业的首要任务是：提高国产电影的质量和竞争力，增加国产影片在国内影院的放映率；继续扩大俄联邦居民点的电影发行网（电影普及计划）；大力支持自编自导的电影、先锋电影、儿童电影、文献纪录片和俄罗斯动画片；提高国产电影的海外发行量；促进国产电影工业的发展，包括增加国产电影的上映数量；建立良好有序的电影市场；提高国产电影的国际声誉。

（二）戏剧艺术和巡回演出

26 年间俄联邦不断增设国家（市级）文化机构，各类国有剧院的总数是苏联时期剧院的 1.7 倍（从 1990 年的 382 家增加到 2016 年的 651 家）。

2016 年归属文化管理机构（俄联邦文化部、俄联邦主体文化行政部门、地方自治机构）的剧院有 613 家，其中 22 家是联邦级剧院（归属俄联邦文化部），591 家为地区和市级剧院。

2016 年，在文化管理机构管辖剧院观看演出的观众共计 3820 万人次（高出 2012 年 14.4%），演出共计 17.11 万场次（高出

2012 年 13.8%），其中 2791 场为新剧目。剧院上座率已经超过国产电影（2016 年观众达 3520 万人次）的上座率，创下自 1991 年以来的新纪录。

2012～2016 年，联邦级剧院的演出场次增加了 36%，达到 9200 场，上座率增加了 34%（490 万人次）。2016 年每场演出的平均票价为 529 卢布，比 2012 年的相应票价高出 0.5 倍，比 2015 年高出 10%。

联邦级剧院的演出票价高于全国剧院的平均票价：歌剧芭蕾舞剧院的演出票价是全国剧院平均票价的 1.9 倍，话剧剧院票价为全国剧院平均票价的 2.5 倍，儿童剧院票价是全国剧院平均票价的 4.3 倍，木偶剧院票价是全国剧院平均票价的 4.8 倍。

2012～2016 年，文化管理机构下属全部国家级和市级剧院的收入总额增长了 38%（从 588 亿卢布增加到 811 亿卢布），其中预算外收入达 254 亿卢布，增长 61%；主营业务收入增长 69%，达 224 亿卢布。2012～2016 年，联邦剧院的主营业务收入增长 105%。

国家大力支持优秀剧团赴国外巡演，积极落实巡演政策并建立了联邦巡演活动支持中心。同 2012 年相比，2016 年文化管理机构管辖剧院的巡演场次增加了 10.4%（4.01 万场）。

在联邦巡演活动支持中心实施的"大型巡演"项目框架下，2016 年共有 27 家剧院参与完成了 43 场巡演活动。

全国 64 座城市共举行了 276 场巡演，观众达 21.4 万人，比 2014 年（8.3 万）增加了 1.6 倍。自 2014 年该项目启动后，巡演覆盖区域扩大了 40%，观众增加了 1.5 倍，剧目数量增加了 150%。

"国际大型巡演"项目支持俄语剧目在国外巡演，该项目 2016 年共落实了 10 项巡演计划。来自国内外的 10 家剧院参与了该项目的实施：国家模范小剧院、莫斯科契诃夫艺术剧院、莫斯科马雅可夫斯基模范剧院、第比利斯俄罗斯格里博耶多夫剧院、埃里温俄罗斯斯坦尼斯拉夫斯基国家剧院、高尔基国家模范剧院（白俄罗斯）、高尔基国家模范剧院（哈萨克斯坦）、顿涅茨克"萨拉文年科"国立模范歌剧芭蕾舞剧院、卢甘斯克国防区模范音乐剧院、卢甘斯克模范音乐堂。

巡演活动在俄罗斯 22 座城市以及塔什干（乌兹别克斯坦共和国）、阿拉木图（哈萨克斯坦共和国）、巴库（阿塞拜疆共和国）、第比利斯（格鲁吉亚）成功举办，活动场次达 61 场。

"地区大型巡演"项目共落实了 17 项活动，旨在支持地区剧院交换演出。参与这一项目的剧院有 17 家，这些剧院在全国 53 个居民点共组织演出 193 场。

2016 年，为落实俄联邦文化部的"大型巡演"项目，政府共投入资金 2.884 亿卢布（加上预算外资金和地区筹资共 3.5 亿多卢布）。

国家大力支持戏剧艺术的发展，鼓励社会非营利组织开展有关活动。2016 年，俄联邦文化部共划拨 1.58 亿卢布用于项目发展，其中国家对最具创意的项目给予大力支持，如为俄罗斯国家"金面具"戏剧奖项提供 8900 万卢布，为小城市戏剧节提供 450 万卢布，为"疆土"戏剧节提供 720 万卢布，为斯坦尼斯拉夫斯基国际戏剧奖提供 800 万卢布，为"波罗的海之家"国际戏剧节提供 500 万卢布，为独联体和波罗的海国家"邂逅俄罗斯"国际戏剧节提供 720 万卢布，为"金勇士"国际戏剧节提供 200 万卢布，为俄罗斯音乐剧节提供 1000 万卢布，为儿童戏剧演出项目"戏剧＋社会"提供 500 万卢布，为现代舞蹈艺术节"Context. 戴安娜·维什涅娃"提供 750 万卢布，为第六届"戏剧天堂"艺术节提供 200 万卢布，为"俄罗斯戏剧"项目提供 400 万卢布，为"俄罗斯戏剧的未来"之青年戏剧节提供 250 万卢布，为在普斯科夫市和普希金山举办的第 24 届全俄普希金戏剧节提供 100 万卢布等。

落实《戏剧行业长期发展构想》的关键举措之一是戏剧基础

设施的发展，其中包括新建、改建、修复剧院。俄联邦文化部信息统计中心数据显示，2016 年全国所有剧院场所的不合格率达 24.2%。

2016 年，小剧院历史舞台的整体改建工作已圆满完成，剧院增加了舞台设施并新建了库房；同年，莫斯科民族剧院的新舞台改建工作也顺利完成。在俄联邦文化部的支持下，通过共同筹资完成了下塔吉尔市马明—西伯里亚克戏剧院（斯维尔德洛夫斯克州）的改建工作。在新西伯利亚歌剧芭蕾舞剧院修复工作完成之后，该剧院的收入从 2014 年的 1.52 亿卢布增加至 2016 年的 2.33 亿卢布。圣彼得堡小戏剧院——欧洲剧院新舞台的修建工作仍在继续推进，科加雷姆市设立小剧院分剧场的工作也在进行中。

2016 年，滨海国立歌剧芭蕾舞剧院（符拉迪沃斯托克市）被确定为马林斯基国立模范剧院的分部，更名为马林斯基剧院滨海分剧场。与此同时，原本为私立的戏剧社升级为联邦级剧院。

为保障民众平等享有文化娱乐活动的权利，全俄政党"统一俄罗斯"党提出"小城市剧院"的项目，由此国家开始对剧院发展采取新的支持模式。

政府决定从联邦预算中划拨津贴来支持 30 万及以下人口城市（俄联邦主体行政中心城市除外）市级剧院的创作活动。2017 年用于此项的联邦预算资金达 6.7 亿卢布，俄罗斯 56 个地区的 149 家剧院从中获益。

根据专家对戏剧行业的现状分析，目前戏剧行业正处在上升期。戏剧演出的多样性与质量在不断提升；巡演活动的规模及其覆盖范围明显扩大；汇演活动正在发展；剧院基础设施建设逐渐加强，质量不断提升；剧院的上座率及演出的互联网转播量不断提高；剧院收入和员工工资在上涨；剧目的质量评价机制在国家奖项"金面具奖"框架下得到调整；俄联邦戏剧界人士联盟和文化界其他行业组织的作用正在加强。

为保证剧院观众人数进一步增加，提高戏剧演出的质量和数量，需要在仔细考察戏剧行业特征的基础上完善该领域的拨款制度和法律法规；拒绝按照服务模式评估创作过程；为地区剧院工作提供有利条件，积极落实相关扶持政策；为自主成立戏剧联盟、自主调控戏剧行业创造条件；完善国家对创作活动的激励机制；扩大并加强同观众的对话，包括潜在观众。

俄联邦发展戏剧艺术的首要任务如下：提高剧目数量及剧院的上座率；不断更新针对不同观众群体（包括儿童和青少年）的剧院演出剧目，提高此类演出的质量；支持 30 万以下人口城市的剧院发展，包括儿童剧院和木偶剧院；组织筹建虚拟剧院广场；进一步扩大巡演活动；保持俄罗斯表演艺术大师在世界的领先地位；继续落实《2020 年前俄联邦戏剧行业长期发展构想》。

（三）音乐会活动

古典音乐是俄罗斯的骄傲和自豪。俄罗斯演奏者经常在国际知名赛事中取得佳绩，并在世界最大的音乐厅表演节目。

2016 年是爱乐热潮之年。莫斯科音乐厅于 2016 年 2 月 1 日在网上起售 2016～2017 年的年票，共售出近 10 万张，创下历史最高售票纪录。2017 年已经售出 20 万张长期票。

继续落实"爱乐季"项目是 2016 年音乐领域的大事件。在"爱乐季"项目框架下，俄罗斯 40 多个城市共举办了 60 多场古典音乐会（包括阿巴坎、阿尔汉格尔斯克、沃洛格达、叶卡捷琳堡、热列兹诺戈尔斯克、伊热夫斯克、伊尔库茨克、喀山、加里宁格勒、阿穆尔河畔共青城、克拉斯诺亚尔斯克、库尔干、马格尼托戈尔斯克、下诺夫哥罗德、鄂木斯克、奥伦堡、彼尔姆、彼得罗扎沃茨克、顿河畔罗斯托夫、梁赞、萨马拉、萨拉普尔、萨拉托夫、斯韦特洛戈尔斯克、塞瓦斯托波尔、索斯诺维博尔、托波尔斯克、陶里亚蒂、秋明、乌兰乌德、乌里扬诺夫斯克、哈巴罗夫斯克、车里雅宾斯克、赤塔、雅尔塔等），参与演出的有俄罗斯优秀的音乐团队和独奏者，共计接待观众 3.2 万人次。

2012 年至 2016 年，全国音乐会组织的预算外收入增加了 43%，2016 年预算外收入达到 64.14 亿卢布（占总收入的 24%），慈善和赞助额增长了 47.1%。自 2012 年起，主营业务收入增长了 47%，2016 年达到 50.56 亿卢布（占总收入的 19%）。

2016 年，音乐会组织的财务总收入为 268.42 亿卢布，其中来自各级预算的资金为 204.28 亿卢布。每笔收入的预算拨款为每位观众 904 卢布。

在音乐领域的发展过程中，当务之急是建立一定数量的可容纳至少 800 名观众的现代化音乐大厅。

《2030 年前俄罗斯联邦国家文化政策战略》指出，目前全国只有大约 20% 的音乐大厅符合古典音乐会的音响要求，且大多分布在莫斯科和圣彼得堡。

俄联邦文化部启动了"全俄虚拟音乐大厅"项目，旨在利用信息技术建立国家统一文化空间，同时使俄罗斯各地区的人民都能享受到音乐会。2016 年共建立起 15 个此类音乐大厅。虚拟大厅可接入包括俄罗斯小城市和农村在内的 47 个地区的 160 个大厅，均能直播莫斯科音乐厅的音乐会。

在国家的支持下，莫斯科复活音乐节、全俄大地音乐节、西伯利亚艺术音乐节等古典音乐节成功举办。在俄联邦文化部的支持下，由全俄合唱协会组织举办的全俄合唱汇演堪称 2016 年的标志性活动。此外，俄罗斯还首次举办国际合唱比赛，共有来自世界 36 个国家的 283 个合唱团参加，其中 164 个是外国合唱团（超过 8000 人），119 个是俄罗斯合唱团（俄罗斯 47 个地区和 77 座城市的 4000 多人）。

俄罗斯音乐领域发展的首要任务是：提高各俄联邦主体的音乐厅上座率；构建现代化音乐网络平台，包括改造现有不良状态的音乐平台；发展虚拟音乐厅网络；落实《2025 年前俄罗斯联邦古典音乐会发展构想》；提升国家音乐院校的古典音乐人才（包括指挥家、优秀音乐人才等）培养质量；制定并不断落实《2030 年前俄罗斯联邦合唱行业发展构想》；制定并落实《2030 年前宗教音乐发展规划》。

（四）马戏行业

2013~2016 年，马戏表演收入增加了 19%，2016 年马戏表演收入为 34.868 亿卢布。

2016 年国家马戏团财务总收入达到 62.82 亿卢布，各级预算收入为 20.18 亿卢布。2016 年马戏团的预算外收入较上一年度增加 11.5%，达 42.63 亿卢布（占总收入的 68%）。

目前，国家马戏团发展基础设施和节目更新的主要资金来源于国家和个人投资，未来马戏团主营业务收入的增长将成为这方面主要的资金来源。

2013~2015 年，索契、布良斯克、伊万诺沃、图拉、圣彼得堡（丰坦卡河畔大马戏）的马戏团进行了大规模的修缮和翻新工作。2016 年，鄂木斯克国家马戏团首期工程开工，下塔吉尔国家马戏团和符拉迪沃斯托克国家马戏团开始进行大修。2017 年，符拉迪沃斯托克、下塔吉尔和基斯洛沃茨克马戏团的整修工作将完成，鄂木斯克国家马戏团的二期工程也将启动。梁赞国家马戏团和萨拉托夫国家马戏团工程计划于 2018 年开启。

2016 年用于大修马戏团的联邦预算拨款达 6.5861 亿卢布。其中，符拉迪沃斯托克国家马戏团的修缮费用全部来自滨海边疆区的地方预算资金。

俄联邦发展马戏行业的首要任务是：修缮和翻新马戏场；全面更新马戏表演节目，提高马戏在国内外观众中的受欢迎度；提高上座率及马戏团收入；使俄罗斯国家马戏公司的主营业务能够自负盈亏；保持在世界马戏艺术领域的领先地位（包括在顶级国际马戏汇演和赛事中的获奖数量）。

（五）博物馆和展览

2016 年，人们对博物馆的关注度仍在持续增长，这里保存着人类文明独特的文化遗产。

俄联邦文化部信息统计中心数据显示，2016 年俄联邦文化部、地区文化执行机构和地方自治机构管辖下的博物馆及各部门博物馆的访问量共计 1.236 亿次，比 2015 年高出 4%。博物馆参观人数达 3940 万人次，比 2015 年高出 1%。

2016 年，文化部门管辖下的国家博物馆共举办了 7.1 万场展览（较 2015 年增长 4.5%），其中俄联邦文化部管辖下的联邦博物馆共举办 3372 场展览：3164 场在俄罗斯境内举办，208 场在国外举办。

重要的展览活动有：国立特列季亚科夫画廊和俄罗斯国家博物馆举办的伊·康·艾瓦佐夫斯基作品展（约 60 万人次参观）；普希金国家造型艺术博物馆的"拉斐尔·肖像诗意"大展（参观人数超过 21.5 万人次）；国立特列季亚科夫画廊的"罗马·亚特尔纳（Roma Aeterna）梵蒂冈画廊精品"展（参观人数超 13 万人次）；艾尔米塔什博物馆的"卫城博物馆精品之一——古希腊女神雕像"展（参观人数近 30 万人次）和"历经岁月的拜占庭"（参观人数近 50 万人次）。

2016 年，俄联邦文化部隶属博物馆在全国 30 多个中小城市共组织举办了 366 场展览，与此相比，2013 年举办 58 场，2014 年举办 128 场，2015 年举办 180 场。

2016 年，隶属文化部门管辖的博物馆财务总收入达 683 亿卢布（同比增长 5.6%），其中各级预算收入 499 亿卢布。

2016 年，博物馆主营业务收入比 2015 年增长了 22.4%，达 125 亿卢布。博物馆其他业务收入增长了 3 倍。

2016 年，文化部门所属博物馆的预算外收入为 184 亿卢布（占总收入的 27%），比 2015 年高出 20%。

博物馆的预算外收入主要用于提高参观服务质量，包括购买配套设备、保持建筑物的良好状况、增加博物馆馆藏、组织展览活动。

如今，博物馆是一个面向大众且迅猛发展的社会机构。博物馆不仅能够保护文化遗产，还能改善城市风貌。此外，私人博物馆和画廊也在不断发展，例如，维克多·维克塞尔伯格的法贝热博物馆在圣彼得堡举办了名为"弗里达·卡萝，复活的画布"展览，"温萨佛德"当代艺术中心正积极举办每年一度的"最佳俄罗斯之俄罗斯优秀照片"摄影展。

我们可通过改进技术手段、畅通沟通渠道、实现现代化硬件技术、建立虚拟博物馆（目前"俄罗斯文化"门户网站共有 246 家虚拟博物馆）等措施提高民众对博物馆及展览的兴趣。此外，实现博物馆和文化产业的合作，将二者纳入文化体验旅游体系也很重要。

因此，相关部门正在积极完善博物馆活动的法律法规基础。①

---

① 比如，2016 年俄联邦文化部制定了《关于博物馆物品保险问题的系统性建议》《根据接待访客能力制定博物馆参观标准的系统性建议》《使用归联邦所有和属于俄联邦博物馆基金的博物馆物品和藏品复制品用于商业目的商业权利转让程序》。为完善流失文物的统计工作，研发了俄罗斯境内流失文物新数据库软件程序。

经过对 1996 年 5 月 26 日的联邦法律中的第 54 - Φ3 条《关于俄罗斯联邦博物馆基金和俄罗斯联邦博物馆》① 进行修改，优化了博物馆馆藏在《俄联邦博物馆基金国家名录》中的登记程序及在博物馆基金的备案程序，同时还更新了博物馆自动化系统应用纪要。

2016 年，俄联邦博物馆基金名录中登记的藏品数量增加了近 1.5 倍（2015 年登记的馆藏有 862412 件，2016 年有 2145300 件）。

俄联邦发展博物馆行业的首要任务如下：将博物馆发展成为能够欣赏到文化、自然遗产和艺术作品的流行场所；促进博物馆同文化产业的合作，将博物馆纳入文化体验旅游体系；完善博物馆的信息资源；不断更新博物馆藏品，举办展览；实现展出计划向俄罗斯境内中小城市推进的目标；发展方志博物馆和相关活动；保障俄联邦博物馆基金名录的稳定运行；推动博物馆的科学启蒙活动和修复工作，确立和落实《2030 年前俄联邦博物馆行业发展规划》。

（六）档案管理工作

根据 2016 年 4 月 4 日颁布的俄罗斯联邦第 151 号总统令《关于联邦档案署问题》，联邦档案署直接隶属于俄联邦总统，具体履行职能包括：制定、落实国家档案管理的相关政策及法律法规，监督、提供国家服务，管理联邦财产。2016 年，档案行业增加了 116 个编制名额，工作人员共计 19160 人。

俄联邦档案署资料显示，2016 年，档案部门共制定 21 项规范性法律文件。国家档案馆共执行 420 多万次社会法律查询和 90.14 余万次的专题查询。

国家重点关注档案阅览室的建设工作，不断增加档案阅览室的用户座位（包括自动阅览室），对阅览室进行技术更新。2016

---

① 2016 年 7 月 3 日第 357 - Φ3 号联邦法律。

年，档案阅览室共接待 11.11 万名用户，参观人数达 54.45 万人次，档案文件使用量达 2310 多万份。

2016 年，档案馆共举办了 3.23 余万场的信息活动，档案信息的用户数量超过 740 万人次。

档案管理工作的首要任务如下：保障俄联邦档案馆的健康发展，优化长期留存的档案文件取用程序，完善档案文件的筛选和鉴定标准，逐渐形成《俄罗斯联邦档案馆珍稀资料国家名录》，其中包含 672 份联邦和地区档案文件。保障互联网的远程接入，做好"俄罗斯档案网"（http://unikdoc.rusarchives.ru/）中《俄罗斯联邦档案馆珍稀资料国家名录》的信息完善工作，不断完善各俄联邦主体及国家档案珍稀资料。

根据俄联邦档案署数据统计，2016 年"俄罗斯档案网"的网络资源用户数量已达 1420581 人。

很多俄联邦主体都已采取措施巩固档案馆的物质技术基础。[1]

档案机构也组织活动，持续推广信息技术。[2]

中央储备名录中共收录了来自 13 个联邦档案馆的 826585 份文件，以及来自 63 个地区的 1989 个国家级和市级档案馆共计 4330 万份文件（截至 2016 年 12 月 31 日）。

档案行业发展的首要任务是：扩大国家级和市级档案馆的服务规模，提高服务质量；确保档案行业工作人员的工资呈增长态势；升级档案馆的物质技术基础；为档案馆安装现代化的消防系统；运用现代信息技术，扩充档案馆的信息资源。

---

[1] 其中，2016 年 12 月卡卢加州国家档案馆新楼开放，乌里扬诺夫斯克州国家档案馆施工完成，电影摄影国家文献档案馆（莫斯科州的克拉斯诺戈尔斯克市）实验楼开始修建。

[2] 在"俄罗斯档案网"上有 7 个专题网络项目，补充有"胜利"新闻片。技术支持全行业信息系统"档案储备"（"档案储备"—"储备名录"—"中央储备名录"），优化信息交换，完善使用服务并提高软件工作质量。

（七）图书馆

图书馆是一个十分重要的民众教育机构，为民众获取知识、信息，接触历史文化遗产提供了有效途径。

俄联邦文化部信息统计中心数据显示，2016 年由文化部门管理的公共图书馆数量达 38057 家（2014 年 39683 家，2015 年 38682 家），其中 77.5%（29500 家）位于乡村地区。

全国有 35% 的居民是公共图书馆的读者，其中 2710 万名是儿童和青年读者。

在青年中普及阅读是落实《2030 年前俄罗斯联邦国家文化政策战略》的重要举措之一。

根据国家计划《信息社会（2011～2020 年）》，2016 年，在俄罗斯联邦新闻出版与大众传媒署的支持下举办了如下一系列活动："红场"图书节；圣彼得堡国际图书沙龙；莫斯科国际书展；国际文学图书博览会（非小说类）。

此外，为落实《"俄罗斯文化（2012～2018）"联邦专项计划》，俄联邦新闻出版与大众传媒署向重要社会文学作品的出版单位提供了补贴。2016 年，俄联邦新闻出版与大众传媒署共支持出版了 9 类共计 654 部文学作品，其中包括儿童和青少年文学，补贴总额达 1.161 亿卢布。

2016 年，俄联邦文化部支持举办了大规模的全俄"图书馆之夜"活动，该活动旨在鼓励人们阅读，同时，为配合电影年，主办方将活动主题定为"品读电影"。

另外，俄联邦文化部还大力支持落实地区图书馆联网计划，希望在青年人中普及阅读，提高网络图书资源的利用率。

2016 年，图书馆网站的访问次数超过 1.035 亿次，电子图书馆的数量大幅增加：2012 年电子图书馆的数量仅占 7.6%（3100

个），而 2016 年的占比提高至 11.3%（4300 个）。俄联邦文化部信息统计中心数据显示，联网的公共图书馆占文化领域图书馆总量的 70%，2012~2016 年国家此类图书馆的总数增加了 58%，其中乡村地区增加了 93.2%。

为快速获取各方面的信息，保护图书馆的国家文化遗产，国家电子图书馆应运而生。据统计，国家电子图书馆的电子资料总量超过 200 万份，网站访问次数达 2140 万次（比 2012 年增长了 10倍）。国家电子图书馆的资源来自 100 多家单位，其中包括图书馆、档案馆和博物馆。截至 2016 年底，加入国家电子图书馆的单位有 2298 家。

在质量上，毋庸置疑，随着互联网的普及和信息通信技术的发展，图书馆行业正处于深刻转型中。图书馆界制定并审核通过了图书馆运营新标准。大城市的图书馆正在积极转变，而乡村地区的图书馆仍然保持着传统的运营模式。

第一批新型图书馆试点工作已经在弗拉基米尔州的博戈柳博沃镇和梁赞州的巴图里诺村开展。

此外，解决图书馆的图书补给问题仍迫在眉睫，特别是在乡村地区。

发展俄联邦图书馆行业的首要任务是：落实现代化图书馆运营示范标准，将图书馆接入互联网，使其逐渐向现代多功能文化空间转变，提高青年和各年龄段读者的阅读普及率；解决图书馆的图书补给问题，加入国家电子图书馆，拓宽读者的信息获取途径；落实俄罗斯图书馆手稿和印刷件的保护措施。

（八）文化宫和乡村俱乐部

文化服务机构的一贯定位是为居民提供文化福利，保护文化珍品，提高文化珍品知名度，满足智力、创意和文化发展需求。

然而，发展乡村文化基础设施处境艰难，亟须制定系统的战略性方针。随着数村合并，乡村居民点的规模逐渐扩大，而总数却逐渐减少（20 年间减少了 1500 个），这直接导致乡村俱乐部的数量减少了 23%。

通常，市政乡村文化机构的基础设施建成于 1970~1980 年，但其中的 42% 从未进行过翻新。在乡村文化机构中，有 1/3 的建筑处于不合格状态，其中 32% 需要大修，设备平均损耗达到 70%。

部分俄联邦主体的小城市也同样面临文化基础设施落后的困境。2010 年的全俄人口普查数据显示，5 万以下人口的小城市共有 781 个，小城市的人口占俄联邦人口总数的 25%。

因此，保障俄联邦主体的文化机构建设成为联邦和地区的工作重点。[①]

在小城市和乡村地区建立多功能文化发展中心是促进文化发展的主要举措。[②]

根据共同筹资（50% 来自联邦预算，50% 来自地区预算）的原则，在 10 万人口以下城市建立多功能文化中心的项目正在逐步落实，目前 28 家文化发展中心已经建成并投入使用。

在《2014~2017 年及 2020 年前乡村持续发展联邦专项计划》框架内，乡村文化服务机构网正逐渐形成。为此，2016 年财政拨款 2.826 亿卢布用于修建文化机构。2016 年，5 个俄联邦主体的 9 所文化宫投入使用，共设有 2250 个座位（比 2016 年联邦专项计划中设定的指标高出 3 倍）。2017 年，联邦预算划拨 2.9866 亿卢布

[①] 比如，2017 年 1 月 26 日俄罗斯联邦第 95 - p 号政府决议中修改了俄罗斯联邦 1996 年 7 月 3 日第 1063 - P 号政府令通过批准的社会规范和标准。相关的修改是为保障俄罗斯地区采用统一的方法来统计文化机构规范要求。

[②] 在由俄罗斯联邦 2014 年 12 月 26 日第 2716 - P 号政府令通过的相关计划的实施框架内，执行 2012 年 5 月 7 日俄罗斯联邦第 597 号总统令。

用于 21 项 2016 年工程的收尾工作，同时为 10 项新工程拨款。2017 年底计划有 20 所文化宫投入使用。

基于共同筹资原则，2017 年联邦预算专项补贴 15 亿卢布给各联邦主体，用于建造和改建乡村的文化宫。2017 年计划使用该资金新建 40 所文化宫，改建 6 所文化宫，并修葺 26 个地区的 72 所现存的文化宫。

2016 年《地方文化宫》计划（关于翻新 5 万人口以下小城市的乡村文化机构及市政文化宫）得到全俄政党"统一俄罗斯党"的支持。

2017 年额外划拨 14 亿卢布用于落实《地方文化宫》计划，将对 71 个地区的 300 家俱乐部进行维修，并升级 1400 多家俱乐部的基础设施。

俄联邦发展文化机构网的首要任务是：建造、维修和更新文化宫和乡村俱乐部（《地方文化宫》计划等）；发展俱乐部的文化服务活动（包括落实俱乐部活动的新示范标准，建立供个人和集体休息的多功能文化空间）；制定并不断落实《2025 年前俄罗斯联邦俱乐部发展规划》；监测俄联邦主体的文化机构网。

（九）文化和艺术纪念日，文化艺术工作者周年纪念日

在庆祝俄联邦主体纪念日活动框架下，俄联邦政府对 2015 年 12 月 26 日通过的第 1453 号决议《用于筹备和举办联邦级纪念日庆祝活动的联邦预算补贴拨款和分配条例》进行了修改。[1]

2016 年，俄联邦文化部向俄联邦主体提供了 2.6818 亿卢布[2]

---

[1] 根据 2016 年 5 月 6 日的俄联邦第 395 号政府决议。

[2] 举办了隆重的周年纪念日庆祝活动：乌兰乌德建市 350 周年，鄂木斯克建市 300 周年，特维尔州的勒热夫建市 800 周年，奥廖尔建市 450 周年，摩尔曼斯克建市 100 周年。

的补贴，继续推进 17 个纪念日庆祝活动。[①]

为加强公众的道德和爱国意识，激发民众的文化道德和精神潜力，相关部门开展了一系列纪念文艺工作者的庆祝活动，他们都是对国家历史、文学和艺术做出突出贡献的人员。[②]

此外，对俄罗斯具有重大历史意义的纪念日庆祝活动的相关筹备工作目前已经完成，如斯大林格勒保卫战苏联军队击溃德国法西斯胜利 75 周年，图拉克里姆林宫建成 500 周年，普斯科夫市第 39 个新时期汉萨同盟日。

发展文化和艺术纪念日的首要任务是持续推进文化艺术工作者周年纪念日活动的筹备和举办工作。[③]

（十）文化教育和科学

保留文化艺术的三层教育体系一直是文化教育的重要环节。

尽管由于重组，儿童艺术学校的数量在不断减少（2012 年 5270 所，2016 年 5007 所），但 2016 年的学生人数较 2012 年增加了 7.8%（比 2015 年增加了 1.4%），达到 1555118 人。儿童艺术学校学生总数的增加表明，社会对儿童文化教育的需求在不断

[①] 切博克萨雷建市 550 周年，并且是楚瓦什自治州成立 100 周年；基洛夫建市 650 周年；卡卢加建市 650 周年；格罗兹尼（车臣共和国首府）建市 200 周年；戈罗霍韦茨（弗拉基米尔州）建市 850 周年；新库兹涅茨克（克麦罗沃州）建市 400 周年；雅库特自治共和国建市 100 周年；叶尼塞斯克（克拉斯诺亚尔斯克边疆区）建市 400 周年；马里埃尔共和国建立 100 周年；科米共和国建立 100 周年；卡累利阿共和国建立 100 周年；下诺夫哥罗德建市 800 周年；苏兹达尔（弗拉基米尔州）建市 1000 周年；克麦罗沃建市 100 周年；巴什基尔斯坦共和国建立 100 周年；下塔吉尔建市 300 周年。

[②] 尼·米·卡拉姆津诞辰 250 周年；阿·康·托尔斯泰诞辰 200 周年；尼·阿·涅克拉索夫诞辰 200 周年；伊·谢·屠格涅夫诞辰 200 周年；瓦·格·拉斯普京诞辰 80 周年；阿·伊·法季扬诺夫诞辰 100 周年；费·米·陀思妥耶夫斯基诞辰 200 周年；马·伊·佩季普诞辰 200 周年；亚·伊·索尔仁尼琴诞辰 100 周年；马·高尔基诞辰 150 周年；亚历山大·涅夫斯基公爵诞辰 800 周年；因诺肯季圣徒诞辰 220 周年及其封圣 40 周年；大司祭阿瓦库姆诞辰 400 周年。

[③] 列·瓦·列先科、埃·斯·皮尔卡、索·米·洛塔露、约·达·柯布松的纪念日。

增长。

目前，232 所中等职业教育机构可以培养 28 个艺术和文化学科的专业人才，2016 年共有 69485 人（比 2015 年多 10170 人）在这些机构学习。其中，最受欢迎的专业有："器乐表演"（占职业教育机构学生总数的 18.7%），"民间艺术创作"（占 12.9%），"社会文化活动"（占 12.7%）。

2016 年，中等职业教育机构一年级共招生 21276 人（比 2015 年多 1.2%），但 2016 年的毕业生人数为 13645 人，比 2015 年下降 2.4%。

2016 年共计 63 所高校（2012 年是 75 所）被纳入文化领域高等教育体系，学校共有 6.31 万名学生，比 2012 年减少了 26.6%。因此，我们需要对文化领域的高校学生数量进行专业性分析。

2016 年，就读于俄联邦文化部下属的 48 所高校的学生总数为 60459 人，分属于 79 个艺术文化学科，其中，一年级新生最多的专业是"音乐表演艺术""图书馆信息管理"。

为保障地区和市级文化机构、文化教育机构的专业人才数量，文化部隶属高校有计划地进行了扩招。2016 年大一年级共招生 438 人（2015 年是 360 人），其中，"社会文化活动""图书馆信息管理""表演艺术"专业的招生人数最多。

2016 年，公费生招生考试的竞争越来越激烈，录取率为 6.2∶1，2015 年的录取率为 4∶1。全国统一艺术考试的平均分为 79 分（2015 年是 76 分）。2016 年竞争最激烈的专业是"电影电视导演"（18.8∶1）、"制片人"（15.6∶1）、"表演艺术"（13∶1）。

同时，俄联邦文化部隶属的教育机构还扩招外国民众和境外侨胞，2016 年大一年级共录取 247 名外国公费留学生。截至 2017 年 1 月 1 日，共有来自世界 98 个国家（澳大利亚、奥地利、保加利亚、巴西、英国、丹麦、埃及、以色列、印度等国）的 4609 名留学生就读于俄文化部下属的高校。

为庆祝国际俄语日和普希金诞辰,莫斯科国立文化学院、格拉西莫夫全俄电影学院、俄罗斯格涅辛音乐学院举办了俄语听写大赛,来自多个国家的 200 多名大学生参加了比赛。

2016 年,俄文化部隶属高校及 5 所科研机构[1]共进行了 300 多项与文化遗产保护和电影产业发展相关的科研工作。

2016 年举办了"第三届全俄青年艺术文化大赛",共 12 项提名(2015 年是 10 项提名):"文学创作""音乐艺术""电影、电视及其他荧幕艺术""艺术文化理论和历史"等。此次大赛共有 46 所高校和科研机构提交了申请,申请项目 106 项(2015 年,52 家单位提交了 104 项申请;2014 年,51 家单位提交了 94 项申请),共有 30 人获得奖金和证书。

2016 年 9 月 28 日,俄联邦文化部委员会会议通过了《2021 年前俄罗斯艺术院校发展规划》,旨在完善和提高办学效率。这也成为本年度的标志性事件。

2016 年,在俄罗斯东正教教堂莫斯科教区和莫斯科克里姆林宫博物馆的支持下,遗产研究院举办了"独联体国家世界遗产:挑战、问题及对策"国际会议。

俄联邦发展文化艺术教育体系的首要任务是:保持俄罗斯独创的三层教育体系(儿童艺术学校—职业学校—艺术高校)的优势,提升教学质量;提高文化艺术教育水平;拓宽俄罗斯境内人才挖掘渠道,培养具有天分的儿童和青年;扩大教育机构对外国民众和境外侨胞的招生数量(包括定向培养);鼓励青年学者开展文化艺术科研工作,科学应用研究涵盖文化领域所有主要方向及

---

[1] 国家艺术研究所、俄罗斯利哈乔夫文化和自然遗产研究所、俄罗斯艺术史研究所、国家修复研究所、俄罗斯艺术学院造型艺术理论和历史研究所。

分支。

（十一）保护非物质文化遗产

非物质文化遗产包含民间口头创作和习俗，具体包括语言和民间艺术，其中语言是非物质文化的载体，是人类记录与大自然和周遭世界相关的景象、仪式和节日、手艺和风俗的工具。

国家应该密切关注民间文艺创作、音乐和舞蹈民间创作、民间神话演出和信仰、礼俗和庆祝活动的保护、研究和推广工作。当前，乡村地区正在进行俄联邦民间非物质文化遗产实物（以下简称"非遗实物"）真品的记录、保护和研究等工作，这一工作主要由俄罗斯科学院科学研究所的专家、历史和语言系的学生及音乐和师范院校的学生负责。多年来，研究者们收集了大量的民间口头作品、音乐和舞蹈资料等，这些资料具有重要的历史文化和科学教育价值。

九年前，俄文化部通过了《2009～2015 年间非物质文化遗产保护规划》[①]，这对解决非物质文化遗产的保护和发展问题至关重要。

在该规划的落实过程中，俄联邦主体文化主管部门及专家对该项任务的态度有了很大转变，解决非物质文化遗产的保护和发展问题成为首要任务。

俄罗斯一些地区成立了专家委员会、工作组，通过了非遗实物鉴定、记录和保护的相关法律法规，形成名录的俄联邦主体数量不断增加。

目前，制定一套该领域的国家标准体系已迫在眉睫，以保障俄罗斯联邦民俗民族志资料档案馆信息文件的存储、补充、统计

---

① 经俄联邦文化部 2008 年 12 月 17 日第 267 号法令批准。

和使用工作顺利推进，同时，还要制订和落实支持档案馆工作以及保护和整理档案馆资料的国家专门计划。

2013 年，俄联邦文化部制定了保护俄联邦民间非物质文化遗产的新方案。为鉴定和记录非物质文化遗产实物，形成《俄联邦非遗实物统一电子名录》，文化部任命相关部门科研院所和文化机构的资深专家参与此项工作。五年内共有 1050 项非遗实物通过鉴定并登记在册。

目前，俄文化部正在制定《2030 年前俄联邦民间非物质文化遗产保护规划》。

保护非物质文化遗产并实现其价值的首要任务是：制定《2030 年前俄联邦民间非物质文化遗产保护规划》；建立民俗民族志和地方志考察队的支持机制，鉴定和记录地区的非遗实物；保护非物质文化遗产实物；建立非物质文化遗产实物国家名录和电子档案；将已收集的资料档案排序、编号；与地区协作，实现俄罗斯民间非物质文化遗产的价值。

二 加强民间社会团体作为文化政策主体的作用

（一）行业社会组织

《2030 年前俄罗斯联邦国家文化政策战略》规定在落实国家文化政策的过程中要将文化领域的行业协会和社会组织纳入其中，包括提高人才培养质量和技能问题。

首先要说的是行业协会和联合会，这些协会长期与政府机构合作，积累了丰富的经验，聚集了大量专业人士，且能够代表相当大部分行业和专业团体的利益和立场，如俄联邦戏剧活动家协会、俄联邦电影工作者协会、俄罗斯艺术家协会、俄罗斯作家协会、俄罗斯作曲家协会、俄罗斯建筑师协会、俄罗斯记者协会、俄罗斯音乐会组织协会、俄罗斯博物馆协会、俄罗斯图书馆协会、艺术文化教育机构协会、音乐教育机构协会等。

其中，俄联邦戏剧活动家协会是规模最大、影响力最广的一个文化组织，协会成员包括两万多名戏剧活动者，在 77 个地区设有分会（包括克里米亚和塞瓦斯托波尔）。

2016 年召开了第七届（21 世纪）俄联邦戏剧活动家协会大会，会上对年度组织工作进行了总结，并一致通过由亚·亚·卡利亚津担任新一届主席，任期为五年。

2016 年，俄联邦戏剧活动家协会举办了众多艺术活动，代表性的有：代表俄罗斯最专业戏剧表演的全俄"金面具"戏剧节；"小丑"儿童戏剧节；"你的机会"国际大学生戏剧节；青年戏剧节论坛"艺术迁移"；兹韦尼哥罗德国际夏日戏剧营；在索契冬日剧院举办的全俄戏剧论坛"戏剧：2016 变革之年"；顶级戏剧大师列·多京、卡·金卡斯、列·海菲茨、里·图米纳斯、瓦·福金、明·卡尔巴乌斯基、亚·沙皮罗、德·贝尔塔曼、维·波卢宁组织的导演实验室活动。

2013～2017 年，俄联邦文化部为支持俄联邦戏剧活动家协会的活动共拨款 12 亿卢布，其中 2016 年拨款 1.986 亿卢布。

在俄罗斯博物馆协会和国际博物馆协会俄罗斯委员会的共同推动下，以及俄联邦文化部和国家博物馆展览中心"ROSIZO"的支持下，2016 年 5 月在莫斯科市马涅日中央展览厅举办了第十八届国际博物馆节，该活动一直是博物馆专业人士交流讨论的建设性平台。2016 年共有 300 多家博物馆参加此次国际博物馆节，参观人数超过 3.5 万人次（比 2015 年高两倍）。此次博物馆节共举办了 150 场商务活动和近 250 场文化启蒙教育活动，展示了 30 份博物馆电影档案。

2016 年俄罗斯艺术家协会举办的主要活动包括：在阿尔汉戈

尔斯克市举办了全俄艺术展览"俄罗斯风貌";落实了公共启蒙计划"传承"(参与者为来自俄罗斯、克里米亚、乌克兰、白俄罗斯、拉脱维亚、爱沙尼亚和美国的 30 个城市的 250 多名写生画家)框架下的"俄罗斯亚特兰蒂斯"露天展览项目;在莫斯科的俄罗斯艺术家协会展厅举办了庆祝乌兰乌德建市 350 周年的布里亚特艺术家作品展"我的爱——乌兰乌德";在克麦罗沃州造型艺术博物馆举办了西伯利亚自画像"自述"跨区域展览;在俄罗斯杰出写生画家阿尔卡基·普拉斯托夫的故乡乌里扬诺夫斯克州普利斯罗尼哈村举办了"普拉斯托夫的秋天"国际大会;在"塔夫利达"全俄青年教育论坛上讨论了项目筹备、艺术家和雕塑家的轮换工作;在莫斯科市中央艺术家之家举办了"俄罗斯青春"全俄展览;落实了"西伯利亚百名艺术家"展览项目。

2016 年举办的标志性活动还有:莫斯科作曲家协会组织的年度现代音乐节"莫斯科之秋";圣彼得堡作曲家协会组织的"圣彼得堡音乐之春";俄罗斯作曲家协会组织的"俄罗斯青年作曲家(作曲家 2.0)全俄交响音乐节"。

2016 年俄罗斯建筑师协会举办了如下活动:第 24 届国际建筑艺术节"建筑 2016";第三届全俄"俄罗斯建筑样式"创新项目竞赛;国际建筑师大会"20 世纪建筑遗产——从先锋主义到现代主义"(圣彼得堡);"2016 建筑剖面图"观摩赛五周年纪念展(索契)。

俄罗斯音乐会组织协会开展了如下活动:举办第四届俄罗斯交响音乐论坛(叶卡捷琳堡市),全国许多交响乐指挥家都汇聚于此;召开由艺术团体和音乐协会负责人参与的定期主题研讨会"现代信息空间下的音乐会团体活动",会上讨论了音乐批评和公众交流在推行音乐活动中的作用;针对音乐会组织负责人和营销服务专家举办了营销技术全国学术研讨会(喀山市)。

此外，目前一些新的文化政策主体正在涌现，例如俄罗斯修复家协会，还有一些立足于传统精神价值、开展社会重要文化项目的全国大型组织，如全俄合唱团体和全俄宗教团体。

2016 年，第 9 届国际合唱比赛在索契举办，来自 36 个国家的 12000 名合唱人员参加了本次大赛。2016 年全俄合唱节也顺利举行，吸引了来自全国各地 1500 个合唱团参加。

2016 年 12 月，俄罗斯儿童合唱团携手马林斯基剧院交响乐指挥家组织举办了"冬季童话"大型音乐会，来自俄罗斯各地区的近千名青少年演员参加。

尽管行业团体之间存在激烈的竞争，一些艺术协会的财产纠纷仍未解决，行业协会和社会组织在各自领域发挥的作用却与日俱增。

占主导地位的行业协会和社会组织经常与国家机关紧密合作，它们还作为各领域的代表参与国家咨询机关、评审机关以及俄联邦社会院的工作，参与制定和落实国家文化政策，并为协调不同文化活动之间的关系准备相关资料。

发挥行业社会组织作用的首要任务如下：吸纳相关组织参与制定和落实管理决策；扩大相关组织与国家间的协作，将文化领域的部分管理权移交相关组织；提高相关组织在解决文化发展问题中的作用，协调各部门开展有效合作。

（二）非营利社会组织

俄联邦文化部按照规定程序评估相关非营利社会组织的社会公益服务质量，并就其服务质量是否符合既定标准得出相关结论。①

----

① 根据俄罗斯联邦 2017 年 1 月 26 日的第 89 号政府决议《非营利组织——社会公益服务执行者名录》。

俄联邦文化部出具的结论是将非营利社会组织纳入非营利组织——社会公益服务执行者名录的标准之一。俄罗斯司法部负责确定管理名录，并决定将哪些组织纳入名录。

根据俄罗斯联邦 2013 年 2 月 19 日第 143 号政府决议《关于通过向非营利组织〔不包括向国家（市级）机构提供的补助〕提供联邦预算补助以落实文化领域创意项目的规定》，政府从联邦预算中拨款资助非政府组织举办了一系列重大社会活动，例如：圣彼得堡国际文化论坛、国家"金面具"节和"金面具"奖、契诃夫国家戏剧节、"网络博物馆"节、全俄合唱汇演、"金勇士"斯拉夫艺术论坛等。

目前，政府与一些非营利组织的合作关系已基本确立，这些组织都曾参与过重大的社会文化活动，具有丰富的经验。[①]

2016 年政府共划拨 19.8 亿卢布用于支持非政府非营利组织的文化创意项目的实施，俄联邦文化部同非营利组织共签订了 221 项协议，总价值 27.9 亿卢布。2015 年共计 107 个非营利社会组织得到俄联邦文化部的资金支持；2016 年达到 141 个。

俄联邦其他权力执行机关也向非营利组织提供补贴。2016 年俄罗斯青年事务署向非营利组织提供 4320 万卢布补贴，用于举办民众爱国主义教育活动。共有 40 家非营利组织获得财政支持，涉

---

① 在保护文化遗产方面，同社会运动"建筑监督"和全俄历史文化古迹保护协会、非营利合作伙伴"俄罗斯修复家协会"进行合作；在教育和图书馆行业，同俄罗斯图书馆协会、跨区域图书馆合作中心、"普希金图书馆"非营利基金会、非营利组织"音乐教育机构协会"进行合作；在音乐和戏剧艺术方面，同非营利自治机构"金面具"节、"波罗的海国际汇演中心"文化项目促进发展基金会、社会组织"圣彼得堡音乐协会"、全俄合唱协会等进行协作；在电影拍摄方面，同文化艺术发展的非营利自治机构"金勇士"国际电影论坛进行合作；在造型艺术和雕塑艺术方面，同全俄社会机构"俄罗斯艺术家创作协会"、"艺术项目"现代艺术基金会、全俄社会机构"俄罗斯艺术摄影师协会"等进行协作；在国际文化人文合作方面，同全俄社会机构"俄罗斯—日本协会"等进行合作。

及 90 项重大社会项目。

俄联邦民族事务署为 11 家非营利组织提供了 4.1488 亿卢布的补贴，用于举办相关活动以缓解国内不同民族和宗教间的紧张态势。

联邦新闻和大众传媒署为俄罗斯文化遗产的普及项目提供了支持，在纸媒及电子传媒上开展宣传工作（2016 年划拨 2790 多万卢布支持 66 个纸媒项目，1.273 亿卢布支持 100 个电子传媒项目）。

发展非营利社会组织的首要任务是：积极拓展非营利组织——社会公益服务执行者名录；为相关组织提供国家资金支持，使其为居民提供社会服务并落实文化项目；提高非营利社会组织的工作效率。

（三）自愿和志愿活动

吸引志愿者参与大型文化艺术活动，这是完成国家文化发展战略任务、促进俄罗斯民众在现代文化和国家社会生活中形成归属感、加强民众认同感的有效机制。

俄罗斯联邦 2015 年 12 月 30 日通过的第 1493 号政府决议《关于"2016～2020 年俄罗斯联邦民众爱国主义教育"的国家计划》是开展志愿活动的依据之一，该决议确定了志愿组织和国家各级管理机构间的协作关系。

2016 年 8 月，阿尔汉格尔斯克州卡尔戈波尔区大沙尔加村举办了全俄文化遗产和民间传统文化志愿倡议论坛。2016 年 12 月 1 日至 3 日，第五届圣彼得堡国际文化论坛成功举办，该论坛堪称志愿实践活动的典范，来自圣彼得堡 8 所顶尖高校的 410 名志愿者参加了本次活动。

发展志愿活动的首要任务是：借助媒体、社交网络及其他通信手段普及志愿活动；制定并落实措施提高管理质量，扩大国立及私立高等、中等专业教育院校社会和创作方向的教师队伍，提高社会参与文化志愿活动的积极性；建立考核志愿者活动质量和数量的数据监测系统。

（四）文化服务质量独立评估

根据 2012 年 5 月 7 日通过的俄联邦第 597 号总统令《关于落实国家社会政策的措施》，[①] 俄联邦文化部协同非营利组织对文化领域的服务质量进行了独立评估，该总统令要求针对从事社会服务的组织形成独立的质量评估体系。

根据 2014 年 7 月 21 日第 256 - Φ3 号联邦法律《关于修改俄罗斯联邦文化、社会服务、卫生保健和教育组织服务质量独立评估的若干法令》，相关部门开展了独立评估工作，意在向民众提供有关服务质量的信息，提高社会组织的活动质量。

独立质量评估体系的主要特点在于，它是基于两大信息源——民众对社会组织服务质量的意见及其客观数据，来选定评估对象（具体社会组织）的。

为落实第 256 - Φ3 号联邦法律，俄联邦文化部通过了一系列关于文化领域服务质量的独立评估法案。

2015 年，俄联邦文化部引入文化机构工作质量独立评估自动化系统，可参考服务对象的意见，对俄联邦文化部下属部门的活动进行全面评估。

2016 年 2 月，服务质量独立评估公共委员会成立。

俄联邦文化部监测结果显示，各俄联邦主体为文化组织服务质量评估做出了以下努力：

通过相关法律文件，建立独立评估公共委员会；

在国家政府机关官方网站上增加"独立评估"一栏；

支持服务对象就服务质量发表意见并提供技术保障；

---

① 2012 年 5 月 7 日第 597 号总统令第 1 项之子项 "к"。

在统一门户网站——国家和市政机关官方信息网站 www. bus. gov. ru 上公布评估结果。

根据 www. bus. gov. ru 门户网站授权部门发布的数据，2015 ~ 2016 年独立评估对象包括 11400 个文化组织（54.8%），这些组织均通过俄罗斯统计局核实。

2015 ~ 2016 年，在一些俄联邦主体独立评估的范围涵盖 80% 以上的文化组织。

依据独立评估的结果，俄罗斯联邦主体行政机关将落实以下方面措施：

加强预订售票和服务系统（通过互联网预订和支付单次票、长期票）的硬软件复合功能；

完善文化组织的物质技术基础（设施、办公用具、维修等）；

保障残疾人和其他人士享受文化组织的服务；

为访客提供额外的信息资讯系统（显示数据的图表、信息板等）；

将独立评估结果纳入组织的绩效标准及管理人员的工作目标中；

组织员工培训，提高员工的服务质量。

开展文化服务质量独立评估工作的首要任务是：杜绝一切违反评估程序的行为，提高文化组织的工作质量，消除人们对服务质量评估结果的消极评论。

此外，还要将那些具有特殊性的组织（例如剧院等公共文化服务机构）排除在名单之外，因为，服务评估对这些组织而言是不合理的且无效的。

三 提高家庭的社会地位，促进成熟人格的形成

（一）弘扬家庭价值观，增强父母社会责任感

发挥文化的人文和教育作用是国家文化政策的重要任务之一。

其中包括复兴家庭教育传统、消除家庭内部代沟、树立传统家庭价值观、提高家庭的社会地位。

在俄罗斯民众价值体系中，家庭和家庭关系的作用逐渐削弱，这直接导致人们的社会关系（朋友关系、家庭关系、邻里关系）不稳定、个人主义的盛行和离婚率的攀升。俄罗斯统计局数据显示，2016 年俄联邦共有 98.58 万对新人结婚，60.83 万对离婚。这在全球离婚率中亦属较高水平，也说明家庭在俄联邦民众价值观体系中的作用正在减弱。

因此，俄联邦各执行机构和社会组织应当始终将弘扬家庭价值观、增强父母社会责任感作为工作重点。例如，俄联邦劳动和社会保障部与儿童帮扶基金会一同组织家庭、儿童、父母责任感的信息宣传活动。

2016 年，79 个俄联邦主体举办了全俄"家庭年"竞赛，共有 294 个家庭参与（79 个家庭获奖，其中 22 个家庭荣获"多子女家庭"奖，16 个家庭荣获"年轻家庭"奖，14 个家庭荣获"乡村家庭"奖，10 个家庭荣获"俄罗斯黄金家庭"奖，17 个家庭荣获"守护传统家庭"奖）。

一年一度的"为了孩子，陪伴孩子"全俄展览论坛成功举办，共有 110 个代表团参加活动：63 个俄联邦主体代表团，19 个市级教育代表团和 28 个基金会兄弟组织代表团。

"做孩子的志愿者"全俄活动顺利开展，共计 73 个地区参加此次活动，参与人数达 580 多万，包括 150 多万困难儿童及有孩子的困难家庭，活动共筹集帮扶资金近 1.3 亿卢布。

"儿童之城——家庭之城"竞赛成功举办，共计 60 个俄联邦主体、176 个城市参加，克里米亚共和国的城市首次参与该项活动。

2016 年，"我为人父母"网站组织了"俄罗斯——远离儿童虐待"活动，共计 22.8 万人、98 家公司、318 家非营利组织、103

家媒体，俄罗斯各地区近 400 座城市和 2500 多家儿童机构参与。

弘扬家庭价值观，增强父母社会责任感的首要任务是：复兴家庭教育传统，树立传统家庭价值观，提高家庭的社会地位和多子女家庭的社会荣誉感，在社会范围内消除代沟；落实有关提高家庭社会地位和形成成熟人格的创意项目（戏剧演出、电影拍摄、博物馆展览等活动）；落实《2025 年前俄联邦国家家庭政策构想》。

（二）家庭参观文化机构

自 2012 年起，俄联邦文化部不断鼓励家庭参观博物馆、剧院、图书馆和电影院，规定 16 岁以下民众可免费参观联邦和地区博物馆，接受基础职业教育的大学生可免费参观联邦博物馆（每月一次）。

借庆祝国际博物馆日的契机，2016 年 5 月 21～22 日，俄联邦文化部、俄罗斯军事历史学会和俄罗斯历史学会共同组织举办了"博物馆之夜"和"历史之夜"活动。俄罗斯电影年也成为大型文化启蒙教育活动的重要主题。"博物馆之夜"得到 2500 家联邦、地区及市级博物馆的支持，参观人数达 200 多万人次。2016 年 5 月，第十八届国际博物馆节"2016——国际博物馆"成功举办，其间还开设了电影厅、家庭大师班和艺术工作室。

2016 年，俄联邦文化部共支持落实了 2800 项鼓励家庭参观博物馆、剧院、图书馆和其他文化机构的活动、计划和项目。2016 年，俄罗斯军事历史学会的军事历史博物馆共落实了 18 项家庭参观计划，参观人数达 2.6 万人次。

发展家庭参观文化机构的首要任务是：鼓励家庭参加文化活动；完善家庭有偿教育优惠服务体系。

（三）发展儿童文化体验旅游

为普及俄联邦人民文化遗产，使儿童和青年熟悉俄罗斯历史文化，俄联邦文化部与俄联邦主体执行机构共同落实《国家儿童旅游发展纲要》。

依据纲要，2016 年共为 1.4 万多名俄罗斯中学生规划了 5 条游览路线，涵盖了 8 个俄联邦主体，其中包括"俄罗斯庄园——文学"（莫斯科市、莫斯科州和图拉州）、"我的俄罗斯之彼得罗夫城"（圣彼得堡市）、"克里米亚儿童文化"（克里米亚共和国）、"莫斯科——金环"（莫斯科市、雅罗斯拉夫尔州、罗斯托夫州和莫斯科州）、"普斯科夫——精神起源"（普斯科夫州）。

在落实"胜利之路"全俄项目的过程中，2016 年共计 16.74 万人参加了为期两天的俄罗斯英雄城市、军事荣耀城市及联合国教科文组织世界遗产参观游览活动，活动参与者乘巴士观光了莫斯科市、莫斯科州、斯摩棱斯克州、特维尔州、图拉州和卡卢加州的军事历史遗迹。

游览项目中首次包含参观"能量"火箭太空公司博物馆（科罗廖夫市）、"能源汽车"科学生产联合公司博物馆（希姆基市）、"火箭太空联合公司"（莫斯科市）和科罗廖夫飞行控制中心等部门博物馆。

2014～2016 年，共有来自 20 个俄联邦主体的 33.41 万人参与"胜利之路"项目。值得注意的是，2016 年的参与人数较 2015 年增加了 13.1%（从 14.8 万人次增加到 16.74 万人次）。此外，游览线路也从 2014 年的 19 条增加至 2016 年的 30 条。

2016 年，俄联邦文化部、俄罗斯旅游局、俄联邦主体执行机构继续推进历史文化旅游线路的发展工作，其中包括："俄罗斯银环"、"俄罗斯庄园"、"金环"、"伟大的丝绸之路"和"东环"项目。

在俄联邦文化部和俄联邦主体执行机构的支持下，俄罗斯旅游业联盟落实了教育旅游项目"生动的课堂"，该项目主要依据科目教学大纲组织旅游教育活动，并依托俄罗斯地区的旅游资源。

目前，俄罗斯旅游业联盟已与 29 个俄联邦主体（包括哈卡斯共和国、布里亚特共和国、楚瓦什共和国、马里埃尔共和国、鞑靼斯坦共和国、莫尔多瓦共和国，斯维尔德洛夫州、阿斯特拉罕州、基洛夫州、库尔干州、车里雅宾斯克州、沃罗涅日州、普斯科夫州、列宁格勒州、萨马拉州、彼尔姆边疆区）签订了共同落实"生动课堂"项目的合作协议。

此外，在俄联邦文化部的支持下，俄罗斯旅游业联盟还创建了儿童旅游网（http://kanikuli.ru）。该网站受众广泛，父母和老师能够搜索到有关组织儿童出游、保障儿童安全和儿童旅游项目描述等高频问题的答案，并在俄罗斯各个地区自由选择旅游目的地，还可以在论坛上讨论儿童旅游的迫切问题，向俄罗斯一流旅游公司咨询有关儿童旅游的法律法规问题。此外，儿童旅游网还涉及主题文章、最新新闻资讯和青年节计划等内容。

（四）挖掘和支持青年人才

2016 年，仅俄联邦文化部一个部门就落实了 300 多项创意项目，旨在挖掘和支持青年人才（包括 18 项全俄和国际大学生会议，39 所创意学校和创意工作室，240 多项地区、全俄和国际性竞赛、汇演、大师班、观摩及展览）。其中最盛大的活动当属"塔夫利达"全俄青年教育论坛、全俄天赋儿童文化启蒙教育活动框架下的第五届全俄青年艺术家节"稀世之珍"、青少年儿童创意作品展"致谢祖辈的胜利"等。

参与创意活动的儿童达到全国儿童总数的 6%（数据显示，截至 2017 年 1 月 1 日，共有 1150658 名儿童参加创意活动）。①

----

① 执行包括保障达到由俄罗斯联邦 2012 年 5 月 7 日第 597 号总统令《关于国家社会政策落实措施》中规定的最重要年度目标指标的 2012 年 9 月 22 日第 5209п－П44 号分阶段计划第 5 条。

挖掘和支持青年人才的首要任务是：扩大儿童参与创意活动的人数，保留和发展文化艺术教育体系，挖掘和支持青年人才；进一步提高中高等职业教育机构的专业人才培养水平；丰富儿童艺术学校的活动；完善全国青年人才挖掘和发展体系；落实《儿童补充教育发展规划》。

四　扩大俄罗斯文化的世界影响

（一）普罗科菲耶夫年

2016 年恰逢作曲家谢·谢·普罗科菲耶夫诞辰 125 周年。在俄联邦文化部的支持下，俄罗斯 85 个联邦主体共举办了 1227 场活动。在马林斯基剧院的积极参与下，共有 20 多个国家举办了周年纪念音乐会。

此次举办周年纪念活动旨在加强俄罗斯文化在世界的存在感，强化俄罗斯在世界文化空间的作用，推广俄罗斯文化和俄语。

（二）第五届圣彼得堡国际文化论坛

2016 年 12 月 1 日至 3 日，第五届国际文化论坛在圣彼得堡举行。此次论坛涉及 136 个平台共 2 万余人（2014 年 6700 人，2015 年 1.1 万人）参与，其中包括来自 91 个国家的 750 余名外国宾客。

论坛期间共举办了 338 场活动，涉及 136 个平台，签署了 54 项文化合作协议。希腊作为本届论坛的嘉宾国出席。

论坛自举办以来，总参与人数增长到 170 倍，其中外国来宾人数增长到 30 倍。

一年一度的圣彼得堡国际文化论坛旨在提高俄罗斯文化的国际地位，扩大俄罗斯文化组织与国际文化组织的合作，引入、研究和推广国家、国家间以及全球性世界文化遗产保护项目，增加世界文化遗产数量。

（三）国际文化合作

《2030 年前俄罗斯联邦国家文化政策战略》指出，出于种种原因，俄罗斯文化在世界的存在感和影响力逐渐减小，这是推行国家文化政策的难点之一。

近年来，受地缘政治等因素的影响，由俄罗斯文化机构主办的世界巡回演出及展览的数量逐渐减少，俄罗斯经典及当代文学作品外译的规模也在不断缩小。那些企图歪曲篡改俄罗斯历史的行为仍未停止，包括窃取二战胜利果实。在这种情况下，实施切实有效的文化政策是增强国家软实力、提高国际影响力的关键。

正因如此，俄罗斯与一些国家互办的国家年活动成为在世界范围内推广俄罗斯文化、加强国际文化合作的重要举措，而这些国家往往都非常注重本国文化人文领域的发展。

2016 年，俄罗斯—希腊年取得圆满成功（俄联邦文化部参与举办 100 多场活动）。在 2016~2017 俄法文化旅游年，2016~2017 俄德青年友好交流年，2015~2016 俄西语言文学年，2016~2017 俄西旅游年、俄英语言文学年，2016~2017 俄中媒体交流年、俄罗斯—东盟文化年等框架下，多项活动得以顺利举办。此外，俄联邦文化部还将开展 2017~2018 俄罗斯—斯洛文尼亚、2016~2017 俄罗斯—南非文化季活动。同时，希腊倡议于 2017~2018 年举办俄罗斯—希腊旅游年，俄联邦文化部对此表示支持。

2016~2017 俄法文化旅游年期间取得的一项重要成果是在巴黎成立了俄罗斯宗教文化中心。全球已有 12 个国家举办了俄罗斯宗教文化日（希腊、斯洛文尼亚、马其顿、独联体国家等），举办活动近 100 场，拥有外国观众人数达 5 万人。

"感受俄罗斯"和"俄罗斯之花"文化联欢节也成为推广俄罗

斯文化的有效形式。2016 年,"感受俄罗斯"在奥地利、德国、希腊、西班牙、哈萨克斯坦、爱沙尼亚（2015 年在阿根廷、越南、德国、意大利、中国、法国）举办。同时,"俄罗斯之花"也在白俄罗斯和希腊举行。同 2015 年相比,参加"感受俄罗斯"活动的人数增加了两倍,达到 12 万人,全球电视观众人数达到 7.8 亿,媒体报道超过 2000 篇。

2016 年,俄罗斯科学文化中心组织俄罗斯艺术表演团体走进 33 个国家（2012 年为 19 个国家）为海外侨胞带去精彩的演出。

国家文化发展是国际合作的重要一环。2016 年,第 17 届俄罗斯—芬兰文化论坛在坦佩雷举行,主题为"儿童和青年一代是我们未来的文化资源和文化资本"。来自俄罗斯和芬兰的 360 多位文化代表参加了此次论坛,论坛就 94 个合作项目进行了近 160 场会谈。

国际文化合作的首要任务是:通过举办俄罗斯与各国的交流年、圣彼得堡国际文化论坛、俄罗斯日、"感受俄罗斯"和"俄罗斯之花"文化联欢节等活动,提高俄罗斯文化的国际地位;开办展览;落实"俄罗斯文化季"项目规划,这是推广俄罗斯文化的重大项目之一;与独联体国家合作举办大型活动;积极参与国际文化组织的工作;整合文化资源,积极支持俄罗斯侨胞的国际文化交流项目"我们在一起!"。

五 保护国家文化遗产

(一) 保护国家文化遗产

《2030 年前俄罗斯联邦国家文化政策战略》确立了一个目标,即列入联合国教科文组织《世界遗产名录》的项目总数位列世界前五。

因此，2016 年，俄联邦文化部同联邦主体相关行政机构展开合作，确立独一无二的文化遗产项目，并着手申遗工作。

在俄罗斯遗产公约（与世界遗产委员会达成的新条约）执行指南第 172 节①的指导下开展工作，这是俄联邦履行国际义务的重要组成部分。

第 40 届世界遗产大会于 2016 年 7 月 10 ~ 17 日在伊斯坦布尔（土耳其）举行，10 月 24 ~ 26 日在巴黎（法国）举行。此次会议审查了《保护世界文化和自然遗产公约》（1972）的相关问题。自 1990 年莫斯科克里姆林宫和红场被列入《世界遗产名录》后，直到 2015 年 12 月，俄罗斯首次申请更新缓冲区地图，世界遗产委员会未经讨论直接通过批准。

2016 年 10 月，国际古迹遗址理事会（ICOMOS）大会决定恢复俄罗斯古迹遗址保护委员会的工作。2014 年 12 月，该组织曾因不是政府组织而被撤销了认证资格。

为保护俄罗斯境内的世界文化遗产，16 个联邦世界遗产保护区计划启动，俄罗斯司法部已公示并登记了 5 个俄联邦文化部命令，批准设立联邦世界遗产保护区。

2016 年 7 月 22 日，俄罗斯总统普京签署第 1465 号命令，将克里姆林宫伊万诺夫广场上的小尼古拉耶夫斯基殿、阿列克谢都主教教堂、丘多夫修道院报喜教堂列为国家保护文物，并保存部分考古遗址，这是保护克里姆林宫的重要措施。目前，相关工作已完成，这些教堂现已成为克里姆林宫的游览点。

考古遗址的保存工作是在考虑城市建设、附近区域地貌及其功能规划的条件下进行的，而且确保了克里姆林宫内文化遗产项

---

① 执行 2016 年 3 月 31 日通过的第 571 号法令第 6 款第 2 条（有关遵循 1972 年公约开展工作）。

目的完整性。它的结构规划使即便坐轮椅的残障人士也能上去。在高科技运用方面，迄今未出现与之相似的技术，克里姆林宫本身也是如此。

2016 年，我们对国家文化遗产项目进行了盘点，其中大部分是极其珍贵的文化遗产及联合国教科文组织承认的世界遗产。①

对 4 个联邦级文化遗产项目的历史文化研究进程现已启动，已确定其名称、创建时间、地址。② 已确定的信息将被记入俄联邦人民文化遗产（历史文化古迹）统一项目名录中。

2016 年 2 月 12 日，俄联邦政府签发第 206 – P 号令，将塞瓦斯托波尔市"赫尔松涅斯古城""塞瓦斯托波尔要塞""卡拉米塔要塞"列为联邦级文化遗产。

《2030 年前俄罗斯联邦国家文化政策战略》还提出另一项要求，即形成历史文化区域保护体系，保护俄罗斯古城的历史环境。

---

① 包括："安东尼修道院和诺夫哥罗德神学院"，12～20 世纪，诺夫哥罗德州，大诺夫哥罗德市（俄联邦文化部 2016 年 4 月 21 日第 884 号令，2016 年 5 月 20 日第 1118 号令）；"雅罗斯拉夫庭院"，12～20 世纪，诺夫哥罗德州，大诺夫哥罗德市（俄联邦文化部 2016 年 2 月 5 日第 347 号令，2016 年 6 月 30 日第 1479 号令，2016 年 8 月 26 日第 1958 号令）；"兹纳缅斯克教堂"，17～20 世纪下半叶，诺夫哥罗德州，大诺夫哥罗德市（俄联邦文化部 2016 年 9 月 20 日第 2161 号令）；"喀山克里姆林宫"，15～20 世纪前 25 年，鞑靼斯坦共和国，喀山市（俄联邦文化部 2016 年 11 月 22 日第 2547 号令，2016 年 11 月 22 日第 2558 号令）；"索洛维茨基修道院及索洛维茨基群岛建筑群"，20 世纪上半叶，阿尔汉格尔斯克州，滨海边疆区（俄联邦文化部 2016 年 12 月 28 日第 2940 号令）；"阿尔汉格尔斯科耶庄园"，17～20 世纪初，莫斯科州，克拉斯诺戈尔斯克市，阿尔汉格尔斯科耶小镇（俄联邦文化部 2016 年 9 月 1 日第 1995 号令）；"17～19 世纪的新耶路撒冷修道院"，莫斯科州，伊斯特拉区，伊斯特拉市（俄联邦文化部 2016 年 1 月 11 日第 1 号令）

② "兹纳缅斯克教堂"，17 世纪中叶～20 世纪，诺夫哥罗德州，大诺夫哥罗德市（俄联邦文化部 2016 年 8 月 31 日第 1985 号令）；"纳伦卡拉杰尔宾特古堡"，6～19 世纪，达吉斯坦共和国，杰尔宾特市（俄联邦文化部 2016 年 9 月 20 日第 2154 号令）；"阿尔汉格尔斯科耶庄园"，17～20 世纪初，莫斯科州，克拉斯诺戈尔斯克市，阿尔汉格尔斯科耶小镇（俄联邦文化部 2016 年 8 月 15 日第 1879 号令）；"约瑟夫—沃洛科拉姆斯克修道院"，16～20 世纪初，莫斯科州，沃洛科拉姆斯克市（俄联邦文化部 2016 年 4 月 18 日第 866 号令）。

目前，俄联邦境内已有 44 个居民点获得"联邦级古村落"的身份。保护古村落主要通过划定保护区、确立古村落保护对象来实现。建立"古村落"有助于保护区建筑充分彰显其历史文化价值，避免城镇孤立发展，推动大城市的形成，同时为村民开拓新的发展道路和发展模式，即保持村落的历史独特性并树立正面形象，这是吸引游客和投资的主要因素。

2016 年，经俄罗斯司法部备案，俄联邦文化部通过法令设立了 2 个联邦级历史文化名城——塞瓦斯托波尔市和苏兹达里市，并确立了保护区域及对象。另有 8 个联邦级历史文化名城已准备好项目申请资料。古村落的保护及可持续发展构想尚处在研究阶段。

2009 年 6 月 1 日，俄联邦政府签署第 759 号令，确定了一份文化遗产名录，对独立的联邦级文化遗产项目进行国家级保护。该名录包含 1000 多个文化遗产项目，其中主要是极其珍贵的世界文化遗产项目。完善该名录可有效保护俄联邦境内独特的历史文化古迹。

为确保文化遗产的特殊保护地位，形成俄联邦人民文化遗产项目名录，我们仍在继续完善联邦级文化遗产项目体系。2016 年，雕塑"祖国母亲在召唤"（主碑）被纳入联邦级文化遗产项目体系，该雕塑归属 1967 年（伏尔加格勒）建成的联邦级文化遗产马马耶夫高地斯大林格勒战役英雄纪念碑群。普斯科夫古城文化遗址的纳入工作也在进行中，其中包括"克里姆林宫建筑群""环城堡垒建筑群""斯帕索—米罗日修道院群""米罗热斯基修道院"。[①]

为做好文化遗产项目的统计工作，2016 年，俄联邦人民文化遗产（历史文化古迹）统一项目名录的收录工作仍在继续。2016 年文化遗产项目名录中共登记了 79628 个文化遗产，较 2015 年

---

① 俄联邦政府 2016 年 4 月 30 日第 827 号令，2016 年 9 月 17 日第 1975 号令。

（35547 个）增长了 124%。

目前，克里米亚共和国和塞瓦斯托波尔地区的联邦级文化遗产项目统计工作已完成，相关信息收录于俄联邦人民文化遗产（历史文化古迹）统一项目名录中。

为检验文物保护修复专家、国家历史文物鉴定专家的知识及实用技能，对他们的相关考核工作仍在进行。截至 2017 年 1 月 1 日，通过认证的国家历史文物鉴定专家有 484 人，文物保护修复专家有 4163 人。

2014 年，在引入文物保护修复专家认证机制后，文物保护修复专家便成为文物修复机构获得文化遗产项目保护活动许可证的必要条件，这也确保了文物修复工作的质量。到目前为止，俄罗斯文化遗产（历史文化古迹）项目保护活动长期许可证已发放 3968 个。

控制许可证的发放也是提高文化遗产保护质量的重要举措。目前，相关机构已进行了 120 次资格审查，其中 69 次属于计划内，51 次属于计划外。行政罚款由 2015 年的 166.8 万卢布增加至 211.4 万卢布。

2016 年，在俄联邦文化部的监管下，相关地方机构共组织了 453 次资格审查，罚款 2300 万卢布，超过 2014 年（980 万卢布）和 2015 年（1596.8 万卢布）。

保护国家文化遗产的首要任务是：完善联邦级文化遗产项目名录；采取有效措施，确定文化遗产的使用者（所有者）；开发联邦级文化遗产保护区项目，包括《世界遗产名录》或俄罗斯的宝贵文化遗产；划定历史文化名城保护区域，确定保护对象；增加文化遗产项目数量，确立保护对象并设立保护区；执行俄联邦总统和政府的命令，搞好刻赤半岛的交通基础设施建设、恢复媒体通信、能源供给和供水，保护该地区的考古遗址；俄联邦各机构联合申遗。

（二）文化遗产保护措施

2016 年，在俄联邦文化部的支持下，20 个文化遗产项目的修复工作圆满完成。其中值得一提的是联邦级文化遗产"小剧院"（1824 年奥西普·伊万诺维奇·波维设计建成，1840 年康斯坦丁·安德烈耶维奇·托恩改建）进行了繁杂的修复工作，修复工作完成后，剧院已能满足现代化的使用要求。另外，还有救世主塔楼、圣三一塔楼、角兵工厂塔楼、中间兵工厂塔楼以及联邦级文化遗产"莫斯科克里姆林宫 15～16、17、18、19 世纪古迹建筑群"中52、53 段城墙的修复工作。

另外，以下项目的修复工作也已完成：国家宫殿艺术博物馆"皇村"武器库；文化展览中心（前"乌克兰影院"，塞瓦斯托波尔国家英雄博物馆）；"庄园主楼"（奥斯塔菲耶沃庄园——"俄罗斯的帕尔纳斯"）；基里尔—别洛滋修道院（沃洛格达州基里尔洛夫市）内的"喀山塔楼（1658～1659 年）"；1813 年的沃兹涅先斯克教堂（楚瓦什共和国谢苗诺夫斯科耶村）；17～19 世纪的尼古拉斯钟塔教堂（图拉州叶皮凡村）；1158～1194 年、1810 年的"圣母安息大教堂"（弗拉基米尔市）等。

为纪念圣谢尔吉·拉多涅日斯基诞辰 700 周年，谢尔吉圣三一大修道院的保护和修复工作继续开展。

为形成统一的木建筑保护方案，扩大俄罗斯文化影响力，增强文化认同感，2016 年木建筑古迹保护战略方案出炉，方案指出，相关古迹需在 2025 年前能够进行文化展示。

我们对该战略方案涉及的木建筑古迹进行了全面分析，并在此基础上出台了一系列措施，旨在保护、发展和推广俄罗斯境内的木建筑古迹。

落实文化遗产保护措施的首要任务是：形成文化遗产保护体系，完善法律调控，扩充文化遗产相关信息；完善文物保护修复工作的相关法律法规；提高文化遗产项目价值；开展公私合作，搞好项目落实；借助文物保护修复机构推进文化遗产保护进程；落实木建筑古迹保护措施。

六　创造文化发展条件，构建新型文化政策

（一）提高文化机构工作者工资水平

履行俄罗斯联邦 2012 年 5 月 7 日颁布的第 597 号总统令《关于国家社会政策的落实措施》中有关提高文化机构工作者工资水平的指示是文化发展的重要任务之一。[①]

根据联邦统计局数据，2016 年文化机构工作者的月平均工资与 2012 年相比提高了 84.5%，达到 27100 卢布（为 2016 年劳动者月平均工资 32600 卢布的 83%）。

2016 年文化机构工作者月平均工资情况如下：联邦文化机构 51500 卢布（较 2012 年增长 157.8%）；联邦主体（地区）文化机构 32400 卢布（较 2012 年增长 99.4%）；市政文化机构 20200 卢布（较 2012 年增长 61.9%）。

2016 年，共计 76 个地区的文化机构工作者平均工资水平达到了本年度各地区规划的预定指标，其他地区中有 9 个完成了预定指标的 95.3% ~ 99.6%。2016 年，有 23 个地区完成了行业规划的预

---

① 2012 年 9 月 22 日颁布的包含年度指标的第 5209п - П44 号阶段性计划第一条保证了 2012 年 5 月 7 日第 597 号总统令《关于国家社会政策的落实措施》中规定的最重要目标的实现。从整体上提高文化机构工作者的工资水平需要按照既定增长速度来实现，因为平均工资的增长会促进文化机构服务质量的提高，吸引专业人才，促进文化机构人力资源的开发，为文化领域的稳定发展创造有利条件。

定指标（82.4%）。

克里米亚共和国、滨海边疆区、斯维尔德洛夫斯克州、图拉州、圣彼得堡市、塞瓦斯托波尔市、莫斯科市表现较好。

2014 年，俄罗斯政府委任文化部精减文化机构工作者的平均在编人数，到 2018 年预计精减至 60.3 万人（较 2013 年的 67 万人减少 10%）。

根据联邦统计局数据，2016 年共有 2.31 万个文化机构，与 2013 年（2.83 万个机构）相比减少了 5200 个，其中联邦级的文化机构有 400 个，地区级的文化机构有 2400 个，市政级的有 20300 个。

2016 年，文化机构工作者平均在编人数较 2013 年（67 万人）减少了 10.54 万人（减少 15.7%），共计 56.46 万人，其中联邦机构有 5.62 万人，地区文化机构有 17.42 万人，市政文化机构有 33.42 万人。

提高文化机构工作者工资水平的首要任务是：保障月平均工资长期呈增长态势，确保月平均工资达到规划规定的劳动者平均月收入标准。

（二）国家扶持文化工作者

政府针对文化机构和文化领域人士开展有针对性的扶持的工作，完善俄罗斯总统对文化领域的拨款和经费指数化流程。

2016 年，有 83 个创作团体和教育组织得到了总统拨款支持，总金额达 53 亿卢布，其中 20 亿卢布用于扶持 15 个联邦剧院和 7 个地区剧院。

政府还为文艺工作者和有才能的年轻人提供定向扶持。2016 年以竞赛形式提供了 4000 个奖学金名额，总额达 2.245 亿卢布，与此相比，2013 年只有 1000 个奖学金名额，总额为 7200 万卢布。

2017 年，政府对年轻导演和现代戏剧艺术的资助额翻倍（每个领域增加了 1500 万卢布）。

联邦财政每年都会对陷于困境的创作团体成员提供一次性补助（2016 年共拨款 1.552 亿卢布，资助了创作团体成员 5020 人）。

国家对文艺工作者扶持的首要任务是：完善俄罗斯联邦总统对文化机构资助金发放体系、完善文艺工作者定向扶持计划。

（三）国家文化机构人才保障

为实现规划的发展目标，俄联邦文化部于 2015 年 12 月 30 日出台了第 3448 号《关于确立文化服务机构和其他文化服务类机构示范行业劳动规范》和第 3453 号《关于确定国家（市政）文化服务机构和其他带有文化服务性质机构雇员人数的方法建议》法令。

为提供系统性援助，俄联邦文化部还制定了"关于引入文化服务机构和其他文化服务类机构示范行业劳动标准特点的建议"，该建议涉及联邦预算基金主管部门和俄罗斯联邦各主体文化领域执行机关及附属机关。

此外，为在示范行业劳动标准基础上形成人员编制表，制定了电子服务互动网站"文化机构在编人员设计师"，网址为 shtst. mkrf. ru。

该项服务能够按劳动种类和操作全面分析机构的运营活动，计算合理在编人员人数，并根据现行劳动标准、时间和人数形成人员编制表。该服务还能为文化机构制定和使用人员编制表提供技术支持。

为优化国家文化机构人才保障机制，俄联邦文化部组织了"人才潜力数据库"项目的落实工作。

为了扩大"人才潜力数据库"项目优质人才的来源，俄联邦文化部于 2016 年制定了引进各地区文化领域自由人才体系的形成办法，为俄联邦文化部"人才潜力数据库"项目挑选后备人才，这一办法吸引了近 400 名优秀人才，他们有能力承担不同文化机构的领导职责。

2016 年，俄联邦文化部"人才潜力数据库"项目将各职位候选人增加到 5 人，这 5 人是从 120 名最佳参与者中挑选出来的，并形成职位契合度排名。

国家文化机构人才保障的首要任务是：引进文化服务机构和其他文化服务类组织的示范行业劳动标准，进一步落实"人才潜力数据库"项目；完善文化领域人才培养制度，提升从业人员的专业水准。

（四）文化领域信息化

当前，提高文化机构活动的有效性，保护文化和历史遗产，形成国家统一数字文化空间，复兴文化传统和道德价值观是文化领域的重要任务，因此亟须发挥应用信息交流技术在文化机构活动中的作用。

衡量文化领域信息化水平高低的指标是互联网访问数据、互联网网站自采数据以及专门信息系统的相关数据。

近几年，具有互联网访问权限的机构比例保持稳定增长。与2015 年相比，2016 年俄联邦文化部所属机构（联邦和地区机构）拥有互联网访问权限的比例如下：剧院从 99.8％增加到 100％，博物馆从 82.9％增加到 84.3％，音乐会组织和独立演出团体从 95.8％增加到 98.6％，图书馆从 66.6％增加到 70.2％。同时，乡村图书馆中有 63％的图书馆具备互联网访问途径。

2016 年，俄联邦文化部下属机构（联邦和地区机构）拥有门户网站的比例与2015 年相比：剧院从 99％增加到 99.8％，博物馆从 73.1％增加到 76.5％，音乐会组织和独立演出团体从 89.7％增加到 92.3％。

博物馆信息化最重要的内容是建立博物馆新收藏电子目录自

动生成系统、售票系统和访客计算系统。2016 年的数据显示，45.1% 的博物馆引进了博物馆新收藏电子目录自动生成系统。博物馆电子目录自动生成系统累计增加了 3660 万件（与 2016 年相比增加 260 万件）藏品信息，其中 1270 万件展品附带配图。但是，只有 9.3% 的博物馆实现了访客自动计算系统。

发展虚拟资源对实现文化领域的信息化具有重要意义。根据全俄社会舆论中心的数据，俄罗斯互联网用户比例逐年增加，截至 2016 年已达 75%。18 ~ 24 岁的年轻人中有 90% 左右的人几乎每天都会上网，他们中有 1/2（49%）的人正在通过网络进行培训或接受教育。

"俄罗斯联邦文化"是全俄文化信息平台的门户网站，该网站免费向公众提供有关俄罗斯文化遗产及民族传统的数字化服务。2016 年，共有 620 万用户在"俄罗斯联邦文化"网站上观看了1000 多部电影、641 部戏剧演出视频，在线参观了 246 座虚拟博物馆，参加了 750 多场讲座和大师班。

用户还可以在"俄罗斯联邦文化"网站上"中小学生的 100 部电影"专栏观看俄罗斯导演执导的儿童电影。这 100 部电影中也包含国外经典电影。"俄罗斯形象"专栏刊登了 363 篇关于俄罗斯自然文化遗产的媒体评论文章，在这些文化遗产中有 48 个已被列入联合国教科文组织世界遗产名录。

2016 年，该网站上传了 150 个不同题材的讲座、100 个经典音乐会视频、250 部俄罗斯电影、150 个非物质文化遗产项目、20 场俄罗斯优秀戏剧演出、1252 份编辑资料、98 个虚拟博物馆游览。

2016 年，网站用户达到 620 万，网页浏览次数较 2015 年增长了 1 倍，达到 1670 万次。

2016 年，"文化领域统一信息空间"项目工作得以继续推进。该项目通过整合不同行政机关和各级（联邦的、地区的和市政的）

文化机构的协作关系，旨在向民众宣传全国各地文化生活中发生的真实且具有现实意义的信息。

该项目中注册的文化机构和组织共计 1.6 万个。2016 年共发布了 6 万多项活动预告，记录了 7000 多个活动举办新地点，刊载了 2.6 万篇文章和短评。目前，已经有 6600 多个文化机构的社交账户连接到"文化领域统一信息空间"网站，并通过该网站在社交平台上自动发布信息、共享信息。2016 年"文化领域统一信息空间"项目辐射人群达到 5600 万（其中包括信息传播的主要统计渠道）。

"文化领域统一信息空间"、俄联邦文化部网站、俄罗斯联邦文化门户网站、"яндекс"搜索引擎公司服务、俄罗斯电视、联邦和地区网络广告及移动应用的一体化为吸引更多用户提供了可能性。具有旅游导向的预告活动也投放在旅游网站"Russia. travel"和国家事件日历"俄罗斯联邦大事记"上。

2016 年，俄罗斯联邦所有主体都开展了大规模的全俄信息普及活动（"图书之夜"行动、"博物馆之夜"行动、"历史之夜"行动、"影院之夜"行动、"艺术之夜"行动，总计超过 6300 多项活动）。

文化领域信息化发展的首要任务是：发展文化机构物质技术基础；进一步提高文化领域在以下方面的信息化水平——互联网可用性、私有网站存有量、将信息系统应用到访客计算和票务销售中、文化遗产数字化、建立电子数据库、增加互联网中文化信息资源的比例，其中包括建立门户网站、虚拟博物馆、引入补充虚拟现实技术；提高文化机构活动项目受众率，建立文化领域统一信息空间。

（五）文化领域拨款

《2020 年前俄罗斯联邦社会经济长期发展规划构想》中指出，

文化领域在人力资本的形成过程中起主导作用。俄罗斯联邦总统预算咨文显示，2012～2014 年，对文化领域的经济扶持多年来首次成为预算支出的重点。

俄罗斯联邦统计局的数据显示，2012～2016 年，俄罗斯联邦总预算对文化和电影的支出呈现递增趋势。2012～2016 年，俄罗斯联邦综合预算和预算外基金对文化领域和电影艺术的支出增长了 24.3%（从 3402 亿卢布增长到 4228 亿卢布）。同时，近年来上述支出在国内生产总值中所占的比例有所下降，2016 年占国内生产总值的 0.49%。

2012～2016 年，俄罗斯联邦综合预算对文化和电影的人均支出增加了 21.3%，2016 年达到 2886 卢布。

2015 年的数据显示，俄罗斯人均文化领域支出要落后于欧洲国家：丹麦是俄罗斯的 8.4 倍（326 欧元）、法国是俄罗斯的 6 倍多（241 欧元）、芬兰是俄罗斯的 5 倍多（202 欧元）、德国是俄罗斯的 3.7 倍（142 欧元）。

俄罗斯联邦综合预算对文化和电影的支出近三年来（2014～2016 年）减少了 105 亿卢布（从 2014 年的 978 亿卢布减少到 2016 年的 873 亿卢布，占国内生产总值的 0.1%）。

为保障文化领域的发展，国家对联邦和地区民间艺术行业组织及私人企业家组织的扶持具有重要的意义。

俄罗斯工业和贸易部的数据显示，2016 年，284 个联邦和地区民间艺术行业组织和 80 个私人企业家组织得到国家的扶持，总金额达到 11.53641 亿卢布。与 2015 年相比，得到国家扶持的民间艺术行业组织的数量增加了 14%，生产总指数增长 101.7%。

文化领域拨款的首要任务是：为国家预算外投资创造条件；确保文化领域的活动补贴与初始目标和任务相一致；扶持民间艺术行业的发展；提高委派机构在集体权利管理活动中的透明度，

建立监督委员会，制定信息公开标准，进行财务报表审计，建立年度财务报表公开机制。

依据俄罗斯和其他国家的有关经验，建立文化领域多渠道融资系统将会大幅增加预算外融资，保证文化在当今条件下稳定发展。

（六） 战略规划文件

2016 年 2 月，俄罗斯联邦政府通过了《2030 年前俄罗斯联邦国家文化政策战略》（2016 年 2 月 29 日俄罗斯联邦第 326 – P 号政府令）。

这是一项战略规划性文件，根据该战略国家文化政策被视为大型跨行业现象，涉及国家和社会生活各领域：人文科学、教育、民族关系、支持俄罗斯文化在国外的发展、国际人文和文化合作、民众教育与自我提升、启蒙教育、儿童和青少年运动的发展、国家统一信息空间的形成等其他文化活动种类。

为有效落实《2030 年前俄罗斯联邦国家文化政策战略》，2016 年 12 月，政府通过了《2016 ～ 2018 年国家文化政策战略行动规划》（2016 年 12 月 1 日俄罗斯联邦第 2563 – P 号政府令）。

2016 年底，俄联邦文化部制定了关于实现该行动规划的报告。该项报告涉及 21 个联邦执行机构、所有联邦主体执行机构、创意联盟、国家预算机关、非营利组织和文化领域基金会。

制定战略规划文件的首要任务是：保证相关文件与《国家文化政策基础》及《2030 年前俄罗斯联邦国家文化政策战略》相适应。

（七） 完善法律基础

文化领域的法律基础正在不断完善。在 2004 ～ 2011 年的 8 年间，由俄联邦文化部制定并通过的联邦法律有 6 部。与此相比，

2012 年至 2017 年 8 月通过的文化领域的联邦法律就达到 35 部，其中仅 2016 年就通过了 9 部。

近年来颁布的联邦法律涉及旅游行业（强化旅游公司出境游责任）、电影艺术（电影字幕和视障口述影视服务）、文化遗产保护（巩固文化遗产保护区的地位）、档案管理（优化国家权力机构、地方自治机构和组织的档案构成和储量）、图书馆行业（建立国家信息系统"国家电子图书馆"）、博物馆行业（完善将博物馆物品纳入俄罗斯联邦博物馆基金会的程序）。

2016 年和 2017 年前 7 个月，俄罗斯联邦国家杜马议会审议通过了四项法律草案（未考虑版权法草案）。此外，还有 9 项法律草案处于不同的审核或者投票阶段，10 多项法律草案处于编纂、制定阶段。

著作权及相关法律也正在积极制定和完善。

完善文化领域法律基础的首要任务是：制定并颁布相关草案，调节文化瑰宝的引进和输出程序；加强科学文艺事业的财政资助立法，为书店提供优惠，抵制网络盗版行为，保障集体著作权；制定旅游行业的相关立法。

俄联邦文化部颁布的法律草案信息详见附件。

（八）文化领域项目管理

为执行俄罗斯联邦政府 2016 年 10 月 15 日颁布的第 1050 号政府决议《关于在俄罗斯联邦政府内组织项目工作》，根据《2016 ~ 2017 年俄罗斯联邦政府组织项目活动的优先措施计划》（该计划经俄罗斯联邦政府 2016 年 10 月 15 日第 2165 – P 号命令和 2016 年 10 月 18 日俄联邦文化部第 2533 号令通过）的第 16 条，成立了文化部项目办公室——联邦国家预算教育文化机构"俄罗斯文化项目部"。

联邦国家预算教育文化机构"俄罗斯文化项目部"的职权包

括执行文化领域战略发展规划，制定战略发展规划文件，并监督其执行，预测文化领域发展前景，在各联邦地区落实战略发展规划文件，制定实现国家文化政策目标规划，建立文化发展重要指标体系；监督国家文化政策的落实，形成相应的数据库，分析所得成果，制定优化管理决策的有效性建议；起草联邦年度文化报告，准备有关俄罗斯文化发展现状、前景和国家文化政策落实等数据分析材料；调节文化领域的发展和变化，包括确定文化活动框架下的优先项目，使文化发展成为俄罗斯联邦战略发展中的基本方向之一。

文化领域项目管理的首要任务是：将文化领域的项目活动提升到一个新高度，包括扩大和完善机关项目办公室的项目活动，保证俄联邦文化部项目活动组织常态化，建立调控这些活动的职能机构。

（九）文化领域优先项目

2017 年，俄联邦文化部与战略倡议署、俄罗斯联邦总统专家管理局、俄罗斯联邦政府机构共同确定了以下优先项目："故乡文化""文化遗产保护""为文化教育机构配备民族乐器"。

按照计划，"故乡文化"项目将包含以下内容：在小城市普及电影，支持中小城市剧院的现代化发展，建造和翻新乡村俱乐部等文化设施，为乡村和中小城市文化机构配备专用车辆，保证文化虚拟资源的利用率，提高民族创造力，开展合唱活动。

该项目计划于 2025 年前在乡村、小城市及 30 万以下人口城市实现不低于 80% 的普及率。

"文化遗产保护"项目将对文化遗产主体进行统计、保护和科学研究，使文化遗产得到普及，发展保护文化遗产的志愿者活动。

"为文化教育机构配备民族乐器"项目的实施将有助于提高天

才儿童的教育质量，包括乡村和小城市儿童，完善文化教育机构的物质技术基础。

其他相关优先项目尚在制定和讨论阶段。

2017 年 4 月 25 日，在鄂木斯克举行了全俄政党"统一俄罗斯党"文化论坛，论坛的主题是"文化是国家优先发展方向"，会上提出一个重要问题，即文化不应该停留在口头宣言，而应切实成为国家战略的优先发展方向。

论坛通过了关于国家将进一步支持乡村和小城市文化发展的决议。

（1）"地方文化之家"项目，旨在支持乡村俱乐部的建设、维修和设备配置，自 2018 年开始补充拨款 15 亿卢布，2018～2019 年每年的预算投入为 29 亿卢布。

（2）"儿童剧院"项目，旨在为儿童提供新的剧目和巡回演出，完善儿童剧院和木偶剧院的技术配备，2017～2019 年每年的预算投入为 3 亿卢布。

（3）支持儿童艺术学校乐器的配备，2017～2019 年每年投入 4 亿卢布。

（4）支持儿童文化体验旅游，2017～2019 年每年投入 3 亿卢布。

（5）增加剧院巡回演出和音乐会巡回演出活动，包括跨地区巡回演出，优化乡村和小城市虚拟大厅的网络配置（额外划拨 2.23 亿卢布）。

社会学研究数据分析了俄罗斯民众对文化状况的评价，其结果如下。

社会舆论基金会数据显示，81% 的俄罗斯民众认为文化发展是国家面临的首要问题。

全俄社会舆论中心不久前的调查显示，正面评价文化现状的俄罗斯民众在过去两年中增加了一半（从 19% 增至 30%），而负面评价的人减少了近一半（从 19% 降至 11%）。

最近一个月参观过展览的受访者人数从 2006 年的 2% 增加到 2016 年的 10%，增加了 4 倍；观看音乐会的人数增加了 3 倍（从 2% 到 8%）；去过剧院和电影院的人数增加了 1 倍（分别从 5% 增至 11%，从 10% 增至 22%）。

2006 年，有 22% 的受访者因所在地区缺少文化活动项目而无法参加文化活动，现在这一比例缩减至之前的 1/3（达 7%）。

未来一个重要的任务是：将文化发展作为俄罗斯联邦战略优先发展方向之一，确立文化领域优先发展项目，保证文化机构基础设施发展水平不低于现行社会标准。

七　结论

2016 年恰逢俄罗斯电影年，是继文化年和文学年之后俄罗斯联邦第三大主题人文年。

因此，国家更应该大力支持文化发展，发挥文化保障国家社会经济稳步增长、提高民众的生活质量和幸福指数的积极作用。在当今世界上，俄罗斯文化依旧保持着世界领先地位，同时，文化还是扩大俄罗斯国际影响力的重要战略资源。

在俄联邦总统战略发展和优先项目委员会会议框架下，文化尚未被单独列为战略发展的优先方向，但战略规划文件的相关立法及社会和国家高级官员对文化发展的关注表明，文化正不断成为跨行业、跨部门各层级间的合作重点。

落实相关领域的优先项目意味着预算优先。已确定的战略优先方向（卫生和教育发展；住房建设；住宅公共服务和城市环境；生态；单一产业城市等）需要特别拨款。至于当前文化发展的资金问题，在地区财政参与和吸引预算外资金的情况下，俄联邦文化部将借助划拨预算尽力解决。

圣彼得堡国际文化论坛是除俄罗斯文化日和文化年之外的又一个大型国际文化发展项目，具有优先发展的特点。在圣彼得堡国际文化论坛框架下，俄罗斯每年都会与外国伙伴签署数十项文化合作协议，启动相关的国家和跨国项目，保护和发扬世界文化遗产。此外，"俄罗斯季"项目将于 2017 年 6 月启动，俄罗斯优秀歌剧、音乐会、交响乐和民间创作团体将在日本 45 个城市进行 200 多场演出。未来，"俄罗斯季"项目的覆盖范围将扩大到意大利、美国和德国。

2016 年，文化立法非常活跃：通过了旅游、电影、文化遗产保护、档案、图书馆和博物馆行业联邦法律；制定了集体著作权的管理法案；抵制网络侵权；规范文化珍品进出口秩序；为文艺事业资助者提供财政支持、给予书店优惠政策。

早在 1992 年俄联邦就已通过《俄罗斯联邦文化立法基本原则法》，但是，考虑到当前文化的发展趋势和已经通过的相关战略文件，以及为完善法律法规做出的多方面工作，因此，出台新的联邦文化法势在必行。

对包括联邦预算在内的俄联邦文化综合预算支出的动态分析显示：自 2010 年起，该预算占国内生产总值的比重持续下降。2016 年，俄联邦文化和电影综合预算支出为 4228 亿卢布（占国内生产总值的 0.49%），其中 873 亿卢布（占国内生产总值的 0.1%）来自联邦预算。仅在 2014 年到 2016 年，联邦预算划拨给文化和电影的资金就缩减了 105 亿卢布（从 2014 年的 978 亿卢布降至 2016 年的 873 亿卢布），这对落实文化项目来说是重大的损失。

因此，俄联邦文化部制定并向俄联邦政府提交了《关于文化领域实施社会预算新规》的提案，依据该提案，文化和电影支出应占国内生产总值的 1%，其中 0.2% 来自联邦预算。按此计算，2016 年联邦综合预算应划拨 8600 亿卢布用于文化和电影支出，其中 1720 亿卢布应来自联邦预算资金。

因此，为促进文化领域的进一步发展，需要根据不同文化领域的发展特点完善法律监管和拨款制度，避免按服务类型评估创作活动，为俄联邦主体各文化机构的工作创造有利条件，应从国家层面完善文化工作者创作活动的鼓励机制。

以上措施将增加民众接触文物和享受文化福祉的机会，要想顺利完成这一任务就需要各层级相关部门（包括各地区）共同协作、提高工作效率。

附录　文化领域重要立法

一　2016 年俄联邦文化部出台的联邦法律清单

（1）2016 年 3 月 2 日出台第 49 号联邦法：《规范俄罗斯联邦旅游管理活动修正案》（强化旅行社出境游责任）。

本法案旨在维护游客利益，强化旅行社的责任。旅游市场需求不足，金融金字塔现象出现，导致旅游服务市场出现不正当竞争及倾销行为，该法案的出台能够解决出境游市场滋生的这些系统性问题。

（2）2016 年 3 月 2 日出台第 43 号联邦法：《俄罗斯联邦档案事务修正案》。

本法案旨在优化国家机关、地方政府组织的资源配置，整合档案分类，把控档案规模。

（3）2016 年 4 月 5 日出台第 95 号联邦法：《俄罗斯联邦民族文化遗产（历史文化古迹）法，国家不动产征税调查簿第 15 条修正案》。

本法案的制定加强了文化遗产保护区的地位。

（4）2016 年 5 月 1 日出台第 127 号联邦法：《保护法人和企业家在国家和政府监督中的权利修正案》。

本法案规定，俄联邦文化部有权不定期抽查文化珍宝库。

（5）2016 年 5 月 1 日出台第 128 号联邦法：《俄罗斯联邦税法典第二部分第 251 条和第 270 条修正案》。

本法案规定，免除储备基金和旅行社出境游责任基金利润税。

（6）2016年7月3日出台第278号联邦法：《提供文件复印件修正案》。

本法案规定，印刷出版物必须提供电子版复印件。

（7）2016年7月3日出台第342号联邦法：《图书馆事务修正案，创建国家信息系统国家电子图书馆》。

本法案赋予了国家电子图书馆国家信息系统的身份。

（8）2016年7月3日出台第293号联邦法：《俄罗斯联邦行政违法法典修正案》。

本法案规定，允许对国家统一自动化信息系统进行行政检查，并将其行政责任延长至一年（一年三个月）。

（9）2016年7月3日出台第357号联邦法：《俄罗斯博物馆基金及俄罗斯博物馆修正案》。

本法案旨在完善俄罗斯博物馆基金的准入机制。

二　2017年7月前俄联邦文化部出台的联邦法律清单，包含与国家杜马议员共同制定的相关法律文件

（1）2017年3月28日出台第34号联邦法：《俄罗斯联邦国家电影支持法第8条和第9条修正案》（电影字幕和口述影像方面）。

本法案规定，受到国家支持的大型民族艺术片、动画电影、接受租赁资金的影片，必须配有字幕，配备口述影像技术。

（2）2017年3月28日出台第43号联邦法：《俄罗斯联邦民法典第四部分修正案》。

本法案规定，建立戏剧总导演邻接权保护机制。

（3）2017年7月29日出台第222号联邦法：《俄罗斯联邦民族文化遗产（历史文化古迹）法及相关法规修正案》。

本法案规范了文化遗产信息录入时的信息交互程序。

(4)2017 年 7 月 29 日出台第 230 号联邦法：《俄罗斯联邦国家电影支持法第 5.1 条修正案》。

本法案允许那些已转为公共财富，且不具备出租资格的国产影片进行非商业放映。

三　2016 年和 2017 年上半年一读通过的法案清单

(1)《俄罗斯联邦税法典第二部分修正案》（准予机关单位将文化机构捐赠支出计入营业外支出所得税）由议员代表团与俄联邦文化部商讨制定，于 2016 年 3 月 23 日一读通过。

(2)《俄罗斯联邦法律保护竞争法第 17.1 条修正案》（在享受优惠租赁费率的国家及市级文化机构开设书店）由俄联邦文化部与议员代表团商讨制定，于 2016 年 6 月 14 日一读通过。

(3)《俄罗斯联邦旅游业务基础法修正案》于 2017 年 3 月 24 日一读通过，法案致力于完善酒店服务管理机制（引入酒店星级划分和资金分配机制）。

(4)《俄罗斯联邦国家电影支持法第 6.1 条修正案》（采用国家统一自动化信息系统管理电影基金）于 2017 年 5 月 26 日一读通过。

四　处于商讨或审议阶段的法案清单

(1)《俄罗斯联邦民族文化遗产（历史文化古迹）法及相关法律修正案》（对俄联邦文化部行使国家监管权作出相应修改，转换国家监管的风险控制模式）。

(2)《关于修改俄罗斯联邦旅游业务基础法修正案的法律草案》（填补 2016 年 3 月 2 日出台的第 49 号联邦法《规范俄罗斯旅

游管理活动修正案》的一些技术性及法律漏洞）。2017 年 7 月 21 日，法案提交俄罗斯国家杜马审议。

（3）《俄罗斯联邦国家电影支持法修正案》（允许在俄罗斯举办的电影节上放映不具备出租资格的电影）。2017 年 8 月 8 日，法案提交俄罗斯国家杜马审议。

（4）《有关保护儿童免受对健康和发育有害信息法及其他相关法修正案》，法案旨在完善可能危害儿童健康和（或）发育的音像制品投放的相关法律规定（法案规定了儿童禁看的影片、视频、广告等音像制品的投放范围，禁止未成年人观看 18 周岁及以上才能观看的影片、戏剧，若主办方准许未满 18 周岁的未成年人进入，则需承担相关责任）。

（5）《规范导游、翻译和领队行为相关法修正案》（规范导游、翻译和领队的行为，开展执法检查工作）。2017 年 8 月 8 日，法案提交俄罗斯联邦政府审议。

（6）《规范旅行社活动相关法修正案》（建立旅行社登记机制）。

（7）《俄罗斯联邦文化基本法修正案》和《俄罗斯联邦行政违法法典修正案》（规范表演艺术机构和博物馆举办的一些戏剧表演、文化教育活动、娱乐演出的门票销售细则和退票流程）。

（8）《公私合作伙伴关系联邦法及其他相关法修正案》（增设法律条款，促进公私高效合作，保护文化遗产）。

（9）《俄罗斯联邦特许权协议法修正案》（依据特许权协议移交文化遗产）。

五　俄联邦文化部出台的有关著作权与邻接权的法案清单

（1）《俄罗斯联邦民法典修正案》（确保集体管理组织的办公

透明度，设立监事会，建立信息公开标准，审计财务报表）。

本法案于 2017 年 5 月 26 日一读通过。

（2）《俄罗斯联邦行政违法法典修正案》（在未公布年度财务报表和特别基金报表期间，明确集体管理组织的行政管理权责，该特别基金的设立机构需在其官网上公布审计报告）。

本法案于 2017 年 5 月 26 日一读通过。

（3）《俄罗斯联邦加入马拉喀什条约关于向盲人、视力受损者和其他印刷品阅读障碍者提供出版物便利的法案》。

2017 年 8 月 4 日，法案提交俄罗斯联邦国家杜马审议。

（4）《俄罗斯联邦民法典第 1293 条修正案》（关于法人或非法人单位直接作为买卖双方转卖艺术作品原稿而获得的版权费问题）。

本法案于 2017 年 7 月 20 日一读通过。

（5）《俄罗斯联邦民法典第 1252 条修正案》（准备落实 2016 年 12 月 13 日俄罗斯联邦宪法法院通过的第 28 条决定，核实《俄罗斯联邦民法典》第 1301 条第 1 款、第 1311 条第 1 款及第 1515 条第 4 项第 1 款的合宪性）。

本法案规定，对侵犯著作权的行为，允许法院适当减少侵权人的赔偿金。

2017 年 6 月 14 日，修正案提交俄罗斯联邦国家杜马审议。

（6）《俄罗斯联邦保护互联网信息电信网络著作权与邻接权相关法修正案》正在起草中。

本法案旨在有效遏制互联网违法信息的传播。

图书在版编目（CIP）数据

全球文化发展观察. 2018. 2016 年俄罗斯联邦国家文化状况报告 / 中国社会科学院中国文化研究中心主编；俄罗斯联邦文化部编制；祖春明等编译. -- 北京：社会科学文献出版社，2019.12

ISBN 978 - 7 - 5201 - 5699 - 8

Ⅰ. ①全…　Ⅱ. ①中…　②俄…　③祖…　Ⅲ. ①文化发展 - 研究报告 - 世界 - 2018　Ⅳ. ①G11

中国版本图书馆 CIP 数据核字（2019）第 262174 号

全球文化发展观察（2018）
2016 年俄罗斯联邦国家文化状况报告

主　　　编 / 中国社会科学院中国文化研究中心
执行主编 / 章建刚
编　　　制 / 俄罗斯联邦文化部
编　　　译 / 祖春明　董　玲　杨璐榕　刘　敏

出 版 人 / 谢寿光
责任编辑 / 张　超

出　　　版 / 社会科学文献出版社·皮书出版分社　（010）59367127
　　　　　　 地址：北京市北三环中路甲 29 号院华龙大厦　邮编：100029
　　　　　　 网址：www. ssap. com. cn
发　　　行 / 市场营销中心　（010）59367081　59367083
印　　　装 / 三河市东方印刷有限公司

规　　　格 / 开　本：787mm × 1092mm　1/16
　　　　　　 印　张：4.75　字　数：57 千字
版　　　次 / 2019 年 12 月第 1 版　2019 年 12 月第 1 次印刷
书　　　号 / ISBN 978 - 7 - 5201 - 5699 - 8
定　　　价 / 98.00 元（全四册）

本书如有印装质量问题，请与读者服务中心（010 - 59367028）联系

全球文化发展观察（2018）

主　　编：中国社会科学院中国文化研究中心
执行主编：章建刚

日本人文科学的
"危机"和教育制度的调整

The Crisis of Humanities and
the Adjustment of Education System in Japan

王青／著

社会科学文献出版社
SOCIAL SCIENCES ACADEMIC PRESS (CHINA)

著者、译者简介

王　青　中国社会科学院哲学研究所东方哲学研究室副主任，研究员，博士生导师，中华日本哲学会副会长，中国社会科学院东方文化中心副主任。著有《日本近世儒学家荻生徂徕研究》等，编有《日本哲学思想研究论文集》，以日文发表过多篇论文。

仲玉花　文学博士，天津外国语大学中央文献翻译研究基地助理研究员，主要研究日本文化，从事中日文双向翻译工作。

目　录

日本关于"人文社会科学危机"的争论和高等教育政策的变化

王　青

2015 年 6 月 8 日，日本文部科学省（简称"文科省"）发布了《关于全面重议国立大学法人等的组织及业务（通知）》（简称《通知》），要求各国立大学制订"第三期中期目标和中期计划"，对自身的"使命"进行"再定义"，改革现有的教育模式，裁撤部分师范院系，关停或重组人文社会科学领域的部分专业，使之向社会需求高的领域转型。为推动国立大学的产学研相结合，还提倡国立大学积极与市场配合，引进竞争性经费。

该《通知》的出台受到了日本各界的猛烈抨击，并引发了一场关于"日本的人文社会科学危机"的大辩论。日本社会特别是人文社会科学界普遍认为：人文社会科学的根本使命是对政治和社会诸现象进行独立的反思和批判，而不是迎合政府和社会的需求。人文社会科学的学术研究发挥着构建人类精神生活基础、继承和发展文化的重要作用，也是关于人生意义、精神和价值观的探求。文科省对"社会需求高的领域"之定义是实用主义优先，况且所谓社会需求也不应仅是指可以量化的具体成果，还应看到"传承知性、培养创新根基"的长远需求才是更加重要的。

在人才培养上，大学的目的不仅是培养具体领域的职业人才，更应是培养拥有思考力、判断力、表现力的智慧型人才；未来的超智能社会需要的不是重理轻文的片面知识，而是文理汇通的综合性知识；在全球化时代，人才不仅需要广博的知识，还需要具有宽阔的国际化视野以及熟练运用外语的沟通能力，而这正是人文社会科学院系所肩负的使命。

因此，日本社会普遍认为文科省的《通知》是"过分注重短期成果和经济效益"的短视行为，势必会造成日本人文社会科学研究的萎缩。很多学者强调，日本正是依靠20世纪经济高速成长时期对基础学科的支持和投入，才创造了日本科学家屡次斩获诺贝尔奖的辉煌。但由于近年来削减人文社会科学研究的经费投入，已经造成了部分基础学科专业人才断档的后果，文科省的一系列政策不仅使日本面临"人文社会科学的危机"，还将导致日本科学研究的整体国际竞争力下降，日本学术界的这种危机感也值得我们未雨绸缪。

面对社会各界的抗议，文科省虽然多次申明并非要在国立大学中开展"去文科化"，但同时坚持认为"应反思人文社会科学的现状，调整文科专业"。在文科省的政策要求下，国立大学中设有人文社科相关专业的八成院校表示，为适应社会需求转型，将采取关停相关文科院系、重组或新设文理结合院系的改革措施。

应该看到，文科省的政策也有其深刻的社会背景。当前日本少子化和高龄化现象日趋严重。根据日本总务省的统计，日本人口将在2048年跌破1亿大关，减少至9913万人，2060年甚至将下滑到8674万人。人口减少对日本社会和经济的影响深刻，首相安倍晋三将其形容为"国难当头"。日本政府为应对少子化、高龄化，推出了建设超智能"社会5.0"的新国策，把发展人工智能作为今后的经济增长点，从国家政策层面加以高度重视。

2016年1月22日，日本内阁会议通过了第五期（2016~2020年）科学技术基本计划（以下简称《计划》），首次提出了超智能社会"社会5.0"这一概念，意指继狩猎社会、农耕社会、工业社会、信息社会之后，虚拟空间与物理空间高度融合的一种全新的社会形态。

这个《计划》的出台反映了日本政府积极支持产业界实现以物联网（IoT）、人工智能（AI）和机器人为核心的第四次工业革命，这不仅是为了解决人口老化、劳动力短缺等一系列社会问题，也是为了促使日本率先建成超智能社会，确保日本在科技上的优势地位，构筑持续引导世界的日本国家创新体系。

在超智能社会中，机器人和人工智能为用户复杂多样的细分化需求提供定制服务，提升人类的生活品质；不仅能源、交通、制造、服务等原先各自独立的系统可以连接起来，实现传统产业升级，人事、会计、法务等领域也将逐步推行智能化管理，并催生新的高端产业，创造满足日本国内外经济社会多种需求的新价值体系，争取到 2020 年实现 GDP 总额超 600 万亿日元的发展目标。

日本从产、学、官相结合的战略高度推进人工智能的技术研发和应用推广，同时积极推动高等教育改革，培养适应超智能时代的文理结合型人才。所谓"文理结合"，是指不拘泥于传统大学教育中通用的"文科"和"理科"的区分，而致力于培养学生跨学科、跨领域能力和想象力的教育方针。因为 IT 技术快速发展的现代社会不仅需要掌握理科的尖端科学技术和知识，也需要具备审视全局、把握重点的"大局观"和高效的人际沟通能力，这些正有赖于人文社科类知识的涵养。

日本政府推动高等教育的改革说明它们认识到人才培养、大学教育、产学研平台、基础创新（科学技术创新推进功能的强化）是实现"社会 5.0"的支撑机制，这反映出日本对于人类正在全面迎来人工智能时代的敏锐判断以及在第四次工业革命中努力以高新科技领先于世界的认识和决心。

我国作为发展中国家，已提前面临"未富先老"、生育率下降的社会问题，日本以建设超智能社会应对少子高龄化危机的政策值得借鉴。建设超智能社会需要文理结合的综合型人才，高等教育也应承担起社会和国家整体发展需求的战略性任务，这一点对于受传统高等教育文理分科的局限，造成大学生综合文化素质薄弱的我国高等教育也富于启发意义。

日本文科省《关于全面重议国立大学法人等的组织及业务（通知）》与国立大学的改革趋势*

仲玉花 编译

摘　要　日本文部科学省于 2015 年 6 月 8 日向日本国立大学发出了《关于全面重议国立大学法人等的组织及业务（通知）》，要求国立大学基于"使命再定义"制订改革计划，关停和重组人文社科等相关专业，使之向社会需求高的领域转型。尽管这一通知遭到了社会各界的批评和质疑，但是据

---

*　本篇主要根据以下资料摘译整理而成：

①日本文部科学省：《关于全面重议国立大学法人等的组织及业务（通知）》（『国立大学法人等の組織及び業務全般の見直しについて』），日本文部科学省官网，http://www.mext.go.jp/a_menu/koutou/houjin/1341970.htm。

②日本文部科学省高等教育局：《面向新时代的国立大学改革》（『新時代を見据えた国立大学改革』），日本文部科学省官网，http://www.mext.go.jp/a_menu/koutou/houjin/1341970.htm。

③国立大学改组信息（旺文社国立大学改组情报），旺文社官网，http://eic.obunsha.co.jp/。

④《大学不需要文科院系？文科工作即将消失？青山学院大学校长提出警告》（『大学に文系学部は不要？文系の仕事は消える？青山学院大学学長が警告』），Excite新闻，https://www.excite.co.jp/news/article/Bizjournal_mixi201806_post-12682/。

⑤《AI 时代文科人才的武器——大局观》（『AI 時代の文系人材。武器にすべきは、「大局観」』），朝日新闻，http://www.asahi.com/ad/globalj/tku/。

⑥《以文理结合型素质教育为基础，培养理论与实践以及解决问题的能力》（岩崎学『文理融合型の教養教育をベースに理論と実践、課題解決力を育成する』），DIAMOND online，http://diamond.jp/articles/-/173245？page=3；横滨市立大学官网，https://www.yokohama-cu.ac.jp/academics/ds/index.html。

日本媒体报道，截至 2015 年 10 月 28 日，已有 33 所国立大学表示采取了重组、关停相关院系或新设院系的改革举措。

关键词 日本国立大学 使命再定义 文理结合 人工智能

随着少子化、老龄化现象的日益严重，日本高等教育面临诸多挑战。在此背景下，日本文部科学省于 2015 年 6 月 8 日向日本国立大学发出了《关于全面重议国立大学法人等的组织及业务（通知）》（简称《通知》），要求大学基于"使命再定义"制订改革计划，关停和重组人文社科等相关专业，使之向社会需求高的领域转型。这一通知随即遭到了社会各界的批评和质疑，但据日本媒体报道，截至 2015 年 10 月 28 日，已有 33 所国立大学表示采取了重组关停相关院系或新设院系的改革举措。

事实上，早在几年前文部科学省（简称"文科省"）就已经开始了相关措施的酝酿。2013 年 6 月，日本文科省制订了"国立大学改革计划"，还有国立大学法人中期目标等方案。文科省在与国立大学商讨的基础上，基于各大学的研究水平、教育成果，梳理了各大学的特色、优势以及社会作用。因此《通知》下发后各大学提出的相应改革措施其实也经过了一定时期的酝酿与准备的过程。从 2015 年《通知》下发后 NHK（日本放送协会）针对设有人文社科相关专业的国立大学所进行的调查显示，尽管部分院校对于《通知》的内容感到不满，但还是不得不进行了相关改革，其具体改革措施主要有以下几个方面。

一 针对人文社科院系的重组与减招

从各大学的重组计划可以看出，重组的内容基本上是缩小人文社会科学院系规模，并关停教师培养院系即师范类院系中不以取得教师资格证为目的的所谓"零免课程"，以及扩大理工和农林学科院系规模。

从重组的事例来看，弘前大学计划减少人文社会科学院系、教育学院系类学生的招生，扩充理工院系和农学生命科学院系的招生人数。从学生人数总体来看，计划减少招生60人。具体说，原来的"人文学部"将在2016年重组成为新的"人文社会科学部"，总招生人数由2015年的345人减至265人。课程设置也从原来的"人间文化课程"、"现代社会课程"和"经济经营课程"重组为"文化创生课程"和"社会经营课程"。此外原来的"教育学部"招生人数由2015年的240人减至170人，其中该学部原来的三个课程中，"生涯教育课程"停止招生。而"理工学部"的招生人数由2015年的300人计划扩招至2016年的360人，"农学生命科学部"的招生人数也由2015年的185扩招至215人。

千叶大学则新成立了"国际教养学部"，相对理、工、园艺各院系减少了招生人数，并关停了"教育学部"的"生涯教育课程"等科目。具体看，2016年计划新成立的"国际教养学部"计划招生90人，而原来的"文学部"的招生人数则从2015年的180人减至170人，其学科设置也从原来的"行动科学科"、"史学科"、"日本文化学科"和"国际言语文化学科"统一重组为"人文学科"。此外原来的"教育学部"的招生人数从2015年的455人减至405人，其中的"体育科学课程"和"生涯教育课程"则停止招生。

东京工业大学的重组内容则针对全部院系。例如原来的"理学部"将在2016年计划重组成为"理学院"，招生人数由2015年的185人减至151人。而"工学部"从整体上重组成为"工学院""物质理工学院""情报理工学院""生命理工学院"4个学院，

"生命理工学部"计划重组成为"环境与社会理工学院",并计划对原"学部"中的各个学科进行全面重组,在招生人数上也相应做了调整。

信州大学也将其"工学部"从原来的 7 个学科重组成了 5 个学科。具体来看,2015 年"教育学部"招生 280 人,2016 年则计划招生 240 人,并停止了其中两个课程的招生。"经济学部"则重组成为"经法学部",招生人数从 2015 年的 185 人调整为 2016 年的 180 人。"工学部"中原来的"物质工学科"、"环境机能工学科"、"电气电子工学科"、"情报工学科"、"土木工学科"、"机械系统工学科"和"建筑学科"这 7 个学科统一重组为"物质化学科"、"电子情报信息工学科"、"水环境与土木工学科"、"机械系统工学科"和"建筑学科"共 5 个学科,且总招生人数由 2015 年的 470 人扩招至 2016 年的 485 人。"纤维学部"仅扩充了招生人数,由 2015 年的 275 人增至 280 人。其他诸如"理学部""医学部"等学部,暂无重组计划。

静冈大学则在减少文科院系和教育相关院系招生人数的同时,增加了理工院系招生人数,并增设了新院系。例如,"人文社会科学部"与"教育学部"的招生人数分别从 2015 年的 470 人和 400 人,减少到了 2016 年的 450 人和 300 人,进行了较大规模的招生人数调整,并停招了部分专业。而与此同时,对"情报学部"和"理学部",不仅增设了新专业,而且其计划招生人数也分别由 2015 年的 200 人和 215 人,增加到 245 人和 240 人。"工学部"也由原来的 535 人计划扩招到 550 人,"农学部"则从原来的 150 人计划扩招至 185 人。此外最大的改革举措则是新成立了横跨几个院系的"地域创造学环"即跨院系教育项目,并制定了在 2016 年招生 50 人的计划。

高知大学的重组计划主要是对人文社科院系及专业的规模缩

减，以及理工及农林相关院系和专业的扩充。从学科和招生人数的调整来看，高知大学计划将"人文学部"重组为"人文社会科学部"，并将其原下设学科"人间文化学科"等共 3 个学科重组为"人文社会科学科" 1 个学科，维持计划招生人数不变。原来的"农学部"，重组为"农林海洋科学部"，并将原下设学科"农学科"重组为"农林资源环境科学科"、"农艺化学科"和"海洋资源科学科" 3 个学科，同时将计划招生人数从 2015 年的 170 人扩大至 2016 年的 200 人。

综上所述，日本国立大学为配合文科省《通知》进行改革，其重点大多是准备重组或关停部分人文社会科学院系和专业，相应缩小招生规模，而对理工类院系和专业则进行扩招和新增专业。

二 增设"文理结合型"新院系

近年来日本的国立大学陆续开设了重视文理结合与国际化的新院系和新学科。所谓文理结合，是指不拘泥于此前大学教育中通用的"文科"和"理科"的区分，致力于培养学生跨学科跨领域的能力和想象力的教育方针。通过开设文理结合型的课程，希望学生能够以丰富的想象力和扎实的专业知识来解决所遇到的社会现实问题。

滋贺大学数据科学学院以及宫崎大学的地域资源创新学院即率先在实际教学中开设了文理结合课程。滋贺大学数据科学学院的课程当中，有关于数据管理、数据加工的课程，以及与处理分析的信息学和统计学相关的理科类课程，此外还有一些与数据价值创造的管理和经营相关的文科类课程。在宫崎大学的地域资源创新学院的课程设置当中，除与地域资源利用相关的经营学类课程外还有与生物学、粮食和农业经济学相关的农工类课程，以及与 ICT 或者网页设计相关的工学类课程。

随后九州大学也开设了跨学科创新学院，其课程设置也不同于以往的学科划分，而是致力于培养学生发现和解决问题的思维能力。因此如上所述，各大学都在致力于通过文理结合的教育方式，培养创造新价值的人才。

近年来，增设文理结合型课程的院系呈逐年增加的趋势。就其原委，主要是社会对兼具多元视角和丰富技术的人才需求越来越高。因此在全球化和 IT 技术快速发展的现代社会，只掌握某一门专业知识的人才不见得会被当作优秀人才而受到重视。举例来说，数据科学家要能在数据解析的基础上，掌握信息学和统计学相关知识，而且还应熟练掌握专用数据解析工具的使用方法才好。然而如果要考察数据解析结果的"意义"，并分析数据"价值"的话，则需要数据科学家同时具有文化和社会相关领域广泛的知识。换言之，数据科学家不仅需要掌握理科类专业知识，而且也需要具备人文社科知识素养。然而要培养这种兼具文理科知识素养的人才，以往的教育课程设置存在着一定的局限性。因此各个大学都通过院系重组和增设文理结合课程的措施，为培养人才创造了良好的环境。

新潟大学也在跨学科创新学院开设了文理结合课程和教育体系，其教育目标为：培养学生发现与科技、文化或环境相关的现实社会课题的能力，以及通过与其他领域专业人士的合作进而解决问题的能力。在跨学科创新学院，最大特点就是学生可以不受限制学习物理和化学、工学、法学、经济学以及人文系各科课程，并且学生可根据自己的职业发展规划和兴趣爱好自由选课。

进入跨学科创新学院的学生在第一和第二年的基础学科研讨会阶段学习"科学技术和社会""地域研究"等相关 5 个科目，进入三年级开始，学生可以在"自然环境科学""机械系统工学"

"社会和地域文化学"等其他院系的 22 个主修和辅修科目中选择自己的专业。由此学生通过基础学科研讨会的小组学习，以及与他人合作解决问题的实践学习，通过主辅修课程学习过程中与其他院系学生的交流等活动，更容易掌握丰富的知识和多元的视角。通过这种文理结合型课程的学习，学生既可以打下专业知识的基础，又可以培养多角度考虑问题的能力。在现代社会，IT 等高科技的发展以及全球化问题等因素，产生了诸多社会问题。为了培养解决这些问题的人才，文理结合的教育方式将变得越来越重要。

以文理结合型的通识教育为基础，培养学生的理论与实践能力以及问题解决能力，正是数字化时代的人才培养目标。2018 年 4 月，横滨市立大学成立了首都圈首个数据科学学院，在数字人才、数据科学家的培养和确保成为工业界大课题的背景之下，横滨市立大学成立该学院受到了业界的关注，也很受学生的欢迎，入学录取率达到了 1∶9 的比例。

关于该学院成立的背景、特征和人工智能与数字时代所要求的人才培养方式等，横滨市立大学数据科学学院院长岩崎教授介绍说：早在 2005 年，横滨市立大学以公立大学法人化为契机，整合了国际综合科学院和医学院，率先推进了素质教育和文理结合型教育，这种教育模式的最大特点是培养问题解决能力的人才的实践型和多领域的教育模式。在数据科学人才培养方面的需求越来越高的背景下，由于该校一贯重视素质教育，跨学科跨领域的数据科学学院得以成立。另外新学院成立的一个重要因素就是横滨市立大学以横滨市为依托，而横滨市是首都圈大城市，拥有非常丰富的数据；加之横滨市本身也致力于该数据的有效利用，因此与横滨市合作具有非常大的优势。数据科学学院就是基于社会的这种实际需要而成立的。

关于大学在培养数据科学家的能力方面，岩崎教授指出，数据科学家需要三种技能：首先需要有数据分析能力，也就是说要掌握信息处理和人工智能以及统计学等信息科学学科的知识，并能够灵活利用这些知识；其次还需要数据工程能力，就是要用计算机科学和计算程序处理实际数据的能力；最后需要有解决问题的能力，就是说，要了解问题的背景并解决该问题。岩崎教授称，虽然理想是要培养上述三种能力，但事实上很难，只能希望学生通过大学的学习，至少具备其中某一项能力。同时希望学生通过学校的英语、素质教育和研讨会等课程的学习，具备社会普遍要求的沟通能力。具体从数据科学学院所设置的课程来看，大学本科生在一年级的主要任务是接受素质教育，同时需要积极参加数据科学学院之外的其他院系的素质教育相关研讨会，进一步培养其沟通能力。在文理结合的数据科学学院里，文科出身的学生很多，在这里文科和理科生互相帮助、互相学习。

从招生情况看，数据科学学院第一期招生 65 人，其中一般选拔考试计划招生人数 45 人，然而报名达到了 410 人，录取率为 1∶9.1，该纪录也达到了全国最高水平，考试合格者当中入学率也达到了 90%。本次入学 65 人当中，男生为 41 人，女生 24 人，文科生 18 人，理科生 47 人。从招生活动来看，此前通过访问各地高中，以及开展校园开放日等活动，做了积极的招生宣传。此外，入学的学生当中，依然有一些学生对什么是数据科学、数据科学在社会上能发挥什么作用还不太了解。因此结合这种情况，学院对第一批入学的学生开展了一个月两次的数据科学研讨会，请来了合作企业和政府相关部门的讲师，为学生讲解了数据在社会上的利用情况。

对第一批学生来说，重要的是要夯实数学和电脑的基础，同时也需要学生了解数据科学在实际社会中所发挥的作用。该校的合作企业包括マイナビ（Mynavi Corporation）、全日空商事和横滨市的一些公司和机构。和这些企业等机构合作，除了可以共同召开数据科学研讨会之外，还计划开展实习及共同研究的项目。在该校看来，最重要的事是培养出能够从大数据中创造新价值的数据科学人才。谈到数据科学家不足的问题，岩崎教授认为，希望数据科学学院能够为产业社会所面临的数据科学家不足这一课题贡献其微薄的力量。然而对于 2018 年 4 月新成立的学院来说，第一批入学的 65 名学生到走上社会还有四年时间。从下一年开始，计划每年招生 60 人左右，即使这样，该校所发挥的能力依然还很有限。

岩崎教授指出，欧美的大学整体上说对形势比较敏感。如果某个学术领域变得重要起来的话，则相关大学就会投入庞大的资源，汇集学界和产业界的人才。因此过去 5 年左右，很多大学设立了数据科学硕士课程。当然不可否认的是也存在一些结构上的问题，日本的大学的社会适应性相比欧美大学还有差距。英美的统计学课程曾有明显优势，近年在韩国和中国也逐渐发展起来，最近更是更名为"数据科学"而迅速发展。他希望日本在这方面不要落后。

岩崎教授还表示，在社会环境迅速变化的背景下，企业也需要不断地变革。那么肩负此重任的，便是基于数据分析基础之上进行决策的数字人才和数据科学家人才。为了产业界的人才需求，横滨市立大学应该勇于应对这一新的任务。岩崎教授称，此前也接触过一些企业中应用数据的人士，但他们当中很多人并没有系统地学习过统计学和数据科学。他们进入企业之后，只是被指挥着收集不成系统的数据而已，因此这些人有必要对相关科目重新进行系统的学习，大学也有义务和责任为这些人提供继续教育。

三 人工智能时代的文科教育

"人类将被人工智能抢去工作"的预测已经逐渐变成了一个常识。人工智能已成为社会不可或缺的重要组成部分，而且人工智能背后的科技将成为巨大产业也是毫无疑问的。在高科技迅猛发展的这种背景下，"文科"和"理科"的区别将会发生怎样的变化呢？关于这个问题，东京经济大学信息交流学院西垣通教授和东京经济大学经济学院客座教授南川秀树围绕"人工智能时代的文科教育"进行了座谈。

关于文科和理科的划分问题，西垣教授表示：发达国家当中还没有哪个国家像日本这样把文理科之间的界限划分得这么显明。以往参加国际学术会议时，来自欧美的学者中有很多都具有文理结合的背景，而日本学者中这样的人却很少。因此日本要发挥引领世界的作用，这是极大的短板。特别是涉及新事物的发明和创造时，必须掌握文理两科相关知识。尤其像现在备受关注的机器人和人工智能等尖端领域，其理论和应用也应该跨越文科和理科两个领域。

对此，南川教授也表示过分划清文理科界限的做法并不恰当。18世纪后半叶，英国因为工业革命而引领了世界，然而那时的研究者却并没有明显的文理之分，也正是因为他们融合文理不同领域的研究，才开创了工业革命的奇观。

西垣教授和南川教授都认为"大局观"应成为文科生的武器。因为要推动科技的发展，尤为重要的是掌握多个领域的知识，和从多角度出发的开阔视野。所谓"大局观"，就是审视社会时的判断力，以及战胜困难时的坚强意志等。随着各个专业领域的研究水平不断提升，很多学科越来越被细化成特殊的领域。这样一来，人们对自己研究领域之外的事物也越来越漠不关心。文科出身的人视野则相对宽广一些，比较善于审视全局，把握重点，并擅长与人交往及拓展人脉，而在时刻追求尖端技术的理科类专业教育当中，这种能力却是很难培养的。因此，在人工智能越来越发达的未来社会，文科无用论实在是大错特错，文科类人才对理科人才的弱点发挥着非常重要的补充作用。

当然文科生也要掌握基础的科学知识。例如人工智能如何应用在由相对的价值观而构成的社会中？为了解决这一问题，人类既要掌握人工智能的相关知识，同时也要认识社会的多样性，因此文理结合的方法不可或缺。又比如在环境问题上，文理结合的思维也很重要。在垃圾处理问题上，除了创新技术之外，经济学方面的措施也很重要。更何况环境问题是全球性的，地球环境是人类所共同面对的问题，这不是某个人忍耐一下就可以解决的，必须形成一个共同的约束机制才能逐步解决。环境问题是一个能够影响社会发展动向的问题，因此为了解决环境问题，技术创新和社会视野二者都非常重要。

西垣教授还指出，即使是在人工智能领域当中，也不能只讲技术，因为伦理道德观也是极其重要的因素之一。有人认为，三十年后，比人还聪明的人工智能将成为"科技奇点"。那么作为人类辅助工具的人工智能机器人必然将对社会产生极大影响，人类作为伦理道德的主体应该如何应对？人类还应该考虑这个社会正义的问题。

对此，南川教授指出，何为正义这不是个简单的问题。就比如在现在看来是理所当然的，并且因为极其便利而为人们所广泛使用的谷歌街景，实际上以前也因隐私问题而引起过争议。从这个意义上来说，人类在生活中，与很多事物保持一定的距离是非常重要的，而不能只考虑科技的发展问题。西垣教授也表示，就人工智能对数据的收集来说，确实存在收集的“限度”和“底线”的问题。尖端技术是把双刃剑，人们需要从技术和伦理道德两方面来认识尖端技术，这或许也是文科教育的目标之一。

关于人工智能时代人类的工作被机器所取代的问题，横滨市立大学数据科学学院院长岩崎教授也发表了自己的看法。岩崎教授指出，数字技术发展的一个例子就是智能手机的普及为人们的行动和生活带来了巨大的变化。可以说手掌大小的智能手机中汇集了人类的智慧，人们常常在考虑问题之前先在智能手机上检索答案。

比如服务行业处理客户意见，将这些问题全部数据库化已经成为趋势，呼叫中心的操作人员每次只要查询数据库就可以解决问题，甚至可以说，人类已经没有必要处理此种问题，人工智能可以代替人来处理。人工智能能够担负的工作，就不需要人来担负，否则在人口减少的时代，就没法保证劳动力的供给。那么这是不是说可以有效利用人工智能的人能够存活下去，而不会的人就只能被替代了呢？到底何种工作可以交给人工智能来担负呢？对此能作出判断的人才培养就随之变得重要了，这就要求教育方式也与时俱进。

岩崎教授还指出，在学校里，价值判断的标准发生了很大的变化。过去要求学生亲自计算的问题，现在基本上都是使用智能手机或者电脑来操作了，所以不可能对学生说不能使用智能手机，就连以往考试中要求学生“严禁夹带”的现象，现在也变成了除了手机等通信工具之外，其他“均可夹带”。而且考试的形式也发生了一定的变化，以往那些生搬硬套公式的考试题变得没有意义了，现在则是给学生一个课题，让他们根据自己的想法去解决这个课题，这样来得更有意义些。反过来说，教师应该考虑给学生出一些即使夹带工具也难以解决的问题，这也是应该探讨的今后的教育走向问题。

另外，解决少子高龄化的社会问题也是当务之急。随着人口的进一步减少，不可避免地要选择和集中社会资本。当然在数据分析的基础上做出决策是非常重要的，然而也会产生因此而一部分人获利，另一部分人受损的情况。那么出现这种情况之后，要怎样使那些受到损失的人同意这种规划是十分重要的工作呢？这部分工作恰恰是人工智能所不能完成的。

实证基础之上的社会发展方向是一个哲学的问题，需要对人类的本原进行思考，这个问题是希望学生在四年的大学学习中不断探讨的问题。所以未来的大学教育，文理融合型或者通识教育（在大学本科阶段，人文社会科学、自然科学的基础领域为大学教育的主要组成部分）将会成为主流。

2018 年 1 月 19 日，"技术奇点研究所"在青山学院大学成立，研究人员却以文科院系为主。青山学院大学校长三木意一表示，在人工智能迅速发展的形势下，为了能够在竞争中存活下去，青山学院大学必须进行改革创新，其中有力的举措即是成立"技术奇点研究所"。在日本，此前尚没有真正对技术奇点进行研究的大学。所谓"技术奇点"（technological singularity），可以译作"技术的特异点"，实际上是指人工智能、比特币、Uber（优步）等新技术为社会带来的飞跃性变化。比如随着人工智能的普及，人类的工作会减少一半以上；而 Uber 则可能使出租车行业进一步萎缩；比特币甚至将瓦解现在的金融秩序。

三木意一指出，随着人工智能在证券交易中的使用，美国大型证券公司高盛集团，2000 年时有 600 人左右的证券从业人员，现在则只剩下了寥寥数人。律师以及注册会计师等高收入行业也在逐渐被人工智能所代替，社会价值观也将因此而产生巨大的变化。科学的发展不依人的意志而停滞，在科技使社会引起巨大变化的未来，人类怎样才能幸福地生活下去，其关键就在"技术奇点"，技术奇点也因此被称为"未来学"。

三木意一曾提出警告说：在人工智能迅速发展的形势下，世界变得越来越小，掌握国际通用语言英语和人工智能通用语程序语言成为一个必然的教育课题。但这不是说文科和社会科学就失去了存在意义，在人工智能相关技术迅猛发展的今天，理科类技术人员被眼前的技术开发所吸引。可是人工智能给人类社会到底能带来什么改变？人工智能是否会超越人类而创造科技奇点？甚至信息科技的发展会质变而成为民主主义的民众主义吗？此外人工智能要是代替了人类工作的话，社会贫富差距将在各个阶层进一步扩大。那么采取怎样的措施才能维持社会稳定？又如自动驾驶中乘客遇到事故时，该由谁来承担事故责任？转基因工程的底线在哪里？虚拟货币流通的原则和底线在哪里？在日本，现金交易仍然是主流，但是这一主流究竟能持续到什么时候呢？三木意一校长指出，这些难题的答案或许不止一个，对此文科和社会学最为擅长。而且大学应该挑战这样的课题，积极参与未来，而不只是预测未来。从自然现象以及与人类社会密切相关的人文和社会科学的视角出发对这样的问题从多元的角度进行探讨，正是大学的使命之一。

日本各界对文科省《关于全面重议国立大学法人等的组织及业务（通知）》的批判性意见[*]

仲玉花 编译

摘　要：基于 18 岁以下人口的减少和人才需求的变化，为确保大学的研究和教育水准，日本文部科学省于 2015 年 6 月 8 日下发了《关于全面重议国立大学法人等的组织及业务（通知）》，要求国立大学"关停"或"重组"缺乏实际效用的文科院系或专业。该通知在日本社会和教育界引起轩然大

---

* 本篇主要根据以下资料摘译整理而成：

①日本文部科学省：《关于全面重议国立大学法人等的组织及业务（通知）》（『国立大学法人等の組織及び業務全般の見直しについて』），日本文部科学省官网，http://www.mext.go.jp/a_menu/koutou/houjin/1341970.htm。

②日本学术会议干事会：《关于大学去向——特别是教育系和人文社会科学系去向——之讨论》（日本学術会議幹事会声明「これからの大学のあり方——特に教員養成・人文社会科学系のあり方——に関する議論に寄せて」），日本学术会议官网，http://www.scj.go.jp/ja/info/kohyo/2015.html。

③一般社团法人、日本经济团体联合会：《关于国立大学改革之思考》（日本経済団体連合会『国立大学改革に関する考え方』），日本经济团体联合会，http://www.keidanren.or.jp/policy/2015/076.html。

④《文科院系的解体——大学的未来》（連続討議「文系学部解体——大学の未来」），横滨国立大学官网，http://www.ynu.ac.jp/hus/edu/15966/detail.html；周刊读书人网，https://dokushojin.com/content.html? genre = 3&content = 45。

⑤日比嘉高：《坚持、连接——人文社会科学的意义和可能性》（『踏みとどまること、つなぐこと—人文社会科学の意義と可能性』），高知人文社会科学研究第 3 号（2016），高知大学学术信息检索系统，http://www.kochi-u.ac.jp/events/2015102000054/。

波，遭到了来自各方的质疑和抗议，许多专家和学者也对国立大学的改革及人文社科院系和专业的未来做了各种深入的探讨和展望。

关键词： 日本　文科省　国立大学　人文社会科学

随着人口减少和老龄化现象的日益严重，日本的大学已经进入了一个全员入学的时代，大学之间的生源抢夺战也愈演愈烈。然而大学入学适龄人口的减少，使得国立大学在人力资源与功能方面的需求进一步降低，不得不重新思考课程设置等方面是否适应未来社会的发展等问题。在此背景下，日本文部科学省（简称“文科省”）于2015年6月8日向日本国立大学下发了《关于全面重议国立大学法人等的组织及业务（通知）》（简称《通知》），要求关停或重组设有培养教师的教育系及人文社会科学系等专业的本科及研究生院系，以满足社会的需要。该《通知》发出后，受到了来自日本教育界和社会各方面的猛烈抨击和质疑，其中有来自社会团体的质疑和批判声，也有学者和教授在公开场合及通过自媒体等途径所发表的抗议和批判。社会各界对文科省要求关停或重组人文社科院系举措的反对和质疑，主要有以下四个方面的内容。

一　来自学术和经济团体的批判

在《通知》发出后，代表日本各领域学者的政府特别机构“日本学术会议”首先于2015年7月23日发表了《日本学术会议干事会声明》，对日本大学未来的走向，尤其是教师培养和人文社会科学院系的走向表示了担忧。声明指出：为应对各种各样复杂的课题，自然科学和人文社会科学结合而变成综合性知识已成为社会的共识。在对人类和社会的发展进行相关批判方面，人文和社会科学发挥了非常重要的作用。作为综合性学术的一个重要组成部分，人文和社会科学在发挥独立作用的基础之上，又被赋予了与自然科学携手应对日本以及世界所面临课题的新使命。从这个观点来看，仅对人文和社会科学提出"关停重组"的要求，非常令人质疑。而且如果仅要求人文社科满足"社会的需要"，大学将失去支撑社会丰富的文化内涵的作用，也将失去为社会输出多元化、高水平人才的作用。对人文和社会科学的轻视，可能会使大学教育有失偏颇。并且大学既是教育的基地，也是研究的基地，大学里的人文社科学科作为培养研究人员的基地一旦被削减的话，那么将会造成一些有志于从事研究的年轻人失去努力方向，并因此阻碍学术的均衡发展。日本学术会议还进一步强调说，为了让大学继续承担大学应有的使命，需对日本大学的发展趋势进行探讨，并清楚地认识大学改革对日本的将来所产生的影响，从而制定一个长期的改革方案。

继"日本学术会议"发出声明后，17 所国立大学的人文社会科学院系于 10 月召开学部长（相当于学院院长）会议，并发出《国立大学法人 17 大学人文系学部长会议共同声明》，强烈抗议文科省对国立大学的改革措施。声明指出：人文社会科学领域的研究在社会基础的形成方面发挥着重要作用，然而从教育研究上轻视人文社会科学，将不可避免地动摇日本的人文基础。即使从全国高等教育机会均等的观点来看，地方国立大学的存在意义也极其之大。

除学界抗议之外，各种报刊的"社论"栏目也出现了很多质疑和批评的声音甚至连日本商业界极具影响力的组织"日本经济团体联合会"也于同年 9 月 9 日针对文科省《通知》发表了题为"关于国立大学改革的思考"的声明。声明指出，文科省要求国立大学停办或重组人文社科院系和教师培养院系,然而产业界真正需要的人才不分文理,都应该具有宽阔的视野和知识面,以及发现问题和解决问题的能力和运用外语的沟通能力;而这些能力正是在大学阶段通过专业的学习和海外留学经历,对文化和社会的理解中所培养起来的。要解决全球性课题,理科专业的人才需要掌握一定的人文社科知识,同时人文社科专业的人才也需要对尖端领域具有敏感度,并掌握理科领域的基础知识,因此从这个意义上来说,大学的人文社会科学教育具有不可偏废的地位。

二 学者关于"人文社会科学意义"的探讨

在日本高知大学新院系成立仪式上,名古屋大学的日比嘉高教授围绕文科省关于国立大学文科院系关停重组的通知做了演讲,主要从"大学的使命"和"人文社会科学的意义和价值"两个方面提出了质疑和批判,他的观点比较有代表性。

关于大学的使命,日比嘉高教授指出:对于人文社会科学,社会上有各种各样的看法和观点。有人认为,世界潮流瞬息万变,未来的职业方式也会不断地发生变化,而人文社会科学在专业划分上过于细化,导致了在学生的社会生存能力方面的教育有所欠缺。大学生在校期间应该掌握职业技能和实践能力,而专注于学术性教育的文科院系没什么实际用处,因此地方性大学不需要文科专业。还有人认为,应该关停日本在研究上没有新发现和新进展的学科,转而建设新的研究领域和学科领域,例如使用物联网的领域等。日比嘉高教授认为人文和社会科学作为综合性学术的一个组成部分,在发挥其作用的同时,还应与自然科学一起共同应对日本乃至世界各国所面临的课题。从这个意义上来说,仅对人文和社会科学提出"关停相关组织机构并向社会需求高的领域转换"的要求，不得不引起人们的质疑。

日比嘉高教授还引用日本国内最大的持有企业信息数据库的"TEIKOKU DATABANK"（TDB）调查公司针对企业所做的问卷调查情况对国立大学改革提出了质疑。据材料显示，TDB 公司的问卷调查时间区间为 2015 年 8 月 18 日至 8 月 31 日，调查对象是全国 23383 家公司，共回收 18033 家公司的有效回答问卷（回收率为77.1%），可以说是一次规模庞大的问卷调查。从问卷的调查内容及回答情况来看，几乎一半左右的企业认为，在销售等实际业务方面，并不会特别在意员工出身于文科还是理科专业，即文科和理科出身没有特别的差别；而关于"公司的成长"、"日本经济的增长"以及"社会的发展"等方面，企业对员工出身大学专业方面的要求却是各种各样的。因此从 TDB 公司所做的调查来看，文科省所谓的"社会需求"，实际上是一个比较含糊的概念。文科省要求人文社会科学"面向社会需求"进行"转型"的通知，毫无疑问是缺乏理论根据的。

而且所谓的"学科划分过细"的指责也并不客观。众所周知，研究越深入，专业的划分自然会越来越细。然而看似细化的专业，随着研究的不断深入，某个领域的研究则会涉及与此相关的其他领域，呈现向综合性研究的转向趋势。

谈到人文社会科学的意义和价值，日比嘉高教授认为不能简单作答，对人文社会科学的价值和意义进行思考，或者对此进行批判性探讨本身也是人文社会科学的行为之一。日比嘉高教授还通过自身的经历谈到了"人文学"的意义。他此前在与一位从事"水文学"研究的理科教授谈话中，得知教授退休前一直在农学部进行森林的保水量等调查研究。由此他不禁从"文"想到了"天文"、"地文"、"水文"和"人文"。"天""地""水""人"这些词汇都是用来表述宇宙整体的概念，而且这些概念都来自中国，

这些概念再加上 "文学" 二字,最终变成了学术性的用语。因此从这个例子可以看出,"人文学" 是关于 "人" 的学问,而 "人" 则又是世界的一个组成部分,由此可见,在我们思考 "人文学" 意义时,需要从源头出发来探讨。

日比嘉高教授进一步指出,有必要强调保持 "理性讨论的基石" 的重要性。他认为,在现在的社会,准确用词和理性讨论等问题越来越值得人深思,尤其是在政治场合,基于学术性研究的判断、基于历史积淀的法律基准以及市民的观点都在逐渐被忽视。要想构建一个能够理性讨论问题的社会,就离不开教育,离不开人文社会科学,人文社会科学是与只追求经济利益的市场主义和竞争主义相对立的。金钱固然重要,金钱却不能替换成价值。在这个层面上,最直接的体现便是学术研究、人的教育以及与此相关的大学。的确,人文社会科学在利润产出方面不占优势,可以说大部分的研究表面上看来都不体现为 "金钱" 的产出,然而对于人文社会科学的研究,却不能用利润和短期内产出作为衡量的基准。人文社会科学领域的研究在一定意义上来说是建造 "人类图书馆" 的一项工程,是为下一代建造一个可以被继承、被参考的书库或者档案馆的事业,而这也正是将人类文化传承给下一代的人文社会科学的工作和使命。这一重要使命并不只局限于大城市,即使在地方,也有必要保存和传承地方文化,并且地方国立大学的人文社会科学院系也一直承担着人才输出的任务。地方大学在对来自四面八方的学生进行培养方面,对区域性和国际化的人文交流等方面来说,担当着桥梁的作用,这也是地方国立大学的使命与作用之一。从这个层面上来说,文科省改革措施中对于地方大学人文社会科学院系的关停和重组,必然导致地方发展的停滞。

三 学界对"文科无用"论的批判

2016 年 6 月起，横滨国立大学相继举办了五场关于"文学部解体——大学的未来"的讨论会，分别就国立大学历史的回顾、人文社会科学是否有用以及国立大学未来的展望等方面进行了多次讨论。讨论会邀请了神户女学院大学名誉教授、思想家内田树和横滨国立大学室井尚教授等。

室井教授指出：自 1991 年文科省实施"大学设置基准的大纲化"以来，几乎所有的大学课程中，"教养课程"（素质教育课程）都被取消了。继而在本可以预见少子化必将带来一系列问题之时，却反过来新增了一些大学和院系，并扩招了学生。

2004 年，国立大学法人化的实施从根本上来说，相当于大学变成了公司的性质。2006 年，安倍晋三第一次组阁，此前的中央教育审议会变成了内阁直属的教育再生会议组织，并且政府进行了修正教育基本法的改革，强化了大学校长的管理。由此大学的教授会权限被大大削减，而权力如同民间企业一样过分集中到了校长手中，校长的决策权被进一步强化。

内田教授也表示：目前文科省所进行的改革正在进一步削减教育的机会。本来日本自明治时代以来，如何扩大和增加教育机会，如何为更多的年轻人提供教育机会，是教育和行政部门应该担负的职责。然而随着文科省对国立大学和人文社会科学院系及专业所进行的改革，日本社会的教育将会被减少。从目前的改革来看，日本的教育机构都执行了等级评定。表面上，似乎其目的是奖励那些优秀的教育机构，并要求那些不理想的教育机构进行改进，然而实际上则是通过此改革措施逐渐形成了一个面临淘汰的机构名单，并且根据市场原理加速淘汰的正是来自文部省的推动。

内田教授指出，大学及其各种院系有着多种多样的教育实践活动，而其中有些教育成果是无法用数值来衡量的，也无法以某种具体的外在形式来表现。从根本上来说，教育活动的成果，通常需要三十年乃至五十年才能够显现出来。文科省"根据数据测定教育成果"，并以此对教育机构进行等级评定的做法使得教育机构被规格化，教育成果也被数据化了。文科省改革的目的就是为了向市场展示"该首先淘汰哪所大学"。

内田教授认为，在人口逐渐减少的社会形势之下，减少学校数量是理所当然的，然而文科省的改革却等同于削减教育机会，这也是日本的教育从未经历过的事情。文科省的目的是希望能够在五年或十年之内便看到改革的效果，但现实情况是，这样的改革会给大学带来很多工作上的负荷，并使得大学逐渐失去其作为教育机构的很多功能，甚至将导致不断出现大学教师放弃教育工作而离开大学的现象。当然在此过程中，也会有一些顶住负荷而生存下来的大学，它们为了文科省的"改革"，不得不持续给教师增负，甚至不惜丢弃十分珍贵的教育资源。

内田教授主张，教育实践活动并不局限于在校学生的教育，只有将已经毕业的学生也都涵盖进来，才能构成一个巨大的教育共同体，教育活动也必须放在这样一个长期的过程中去审视。同样衡量教育机构达成了怎样的教育成果，也必须从整体性和长期性上来衡量，而不是单从某一年，或者最多五六年的时间段内去衡量。由此来看，所谓大学教育的成果和产出，也应该放在三十年乃至五十年的时间段内去衡量。然而这次文科省的改革措施却完全无视了教育成果的长期性特点，而以量化方法考察一年内，甚至中期目标仅为六年的短期内的教育成果，对于那些或许 10 年或者 20 年后才能产生的教育成果，则统统忽视不见，不做考察。

内田教授回顾改革的历史，指出从 2004 年实行国立大学独立行政法人开始，到现在才过去了十二年，然而现实情况则是无论是学术论文数量，还是人均发表论文数，日本大学的学术成果都在逐年下降，就现状来看，日本已被中国大陆、中国台湾和韩国赶超，即使在东亚，日本也处于学术成果排名靠后的位置，可以说，这正是大学改革的错误"成果"。事实上，将论文数量作为教育成果的评价指标进行评判是否妥当，也曾经是一个引起争议的问题。由此可见，为了激活研究教育，引入客观评价体系，将教师置于竞争的环境，这种改革措施实际上已经凸显了其负面效果。

在这系列会议中，东京大学研究生院情报学院吉见教授也参与了讨论。吉见教授曾担任过东京大学副校长，主要研究领域有社会学、城市学、媒体论、文化研究等。2011 年，吉见教授出版了《大学是什么》（岩波新书，2016 年 2 月）、《"文系学部废止"的冲击》（集英社新书）。在《"文系学部废止"的冲击》一书中，吉见教授提出了比起短期内出成果的"理科知识"，"文科知识"在发现和创造价值等方面更加有用的论据，并对大学改革提出了诸多有效建议。

围绕"文科无用"论以及通识教育和大学的未来等方面，吉见教授进行了深入的探讨。

吉见教授指出，国立大学法人化之后，通过一系列数据可以看出文科"无用"论的反映。例如私立大学人文院系教师人数增加了 7%～8%，然而在国立大学却减少了 10% 以上。也就是说，在国立大学重组人文社会科学院系的改革过程中，文科中心逐渐在向私立大学转移。因此可以看出，历时十多年出台的大学改革政策实际上是围绕理科院系做出的政策调整，特别是在资金、创新能力以及国际化等方面所进行的改革是以理科为中心的。

吉见教授表示，有人曾说大学不是"经济"的工具，因此让人文社科专业追求"经济效果"是一件十分可笑的事情。然而人文社会科学虽然在短期之内无法衡量其产出效果，但是从长远来看，人文社科专业并非没有效果，只有将目光放长远，才能看到人文社会科学的效果。然而这个"效果"却并不是指人文社科对国家或者产业有用的效果。在历史上，中世纪的大学中最有用的是神学，神学专业甚至比医学、法学还有用；在近代以后，大学因对国家有用而逐渐受到重视。但是"有用"本身，并不具有普遍性，也不会通用于每个时代。所谓"有用"，可以理解为对人类有用，对地球和社会有用，所以"有用"这个词有不同的意思，这也正是不应该丢弃人文社会科学而只依赖理科的原因所在。

具体来讲，"有用"可以理解为两个意思，即手段的有用性或者是价值创造上的有用性。即使手段有用，然而一旦该手段失去了目的和价值的话，那么从根本上来说也是"无用"的。回顾20世纪60年代的日本，当时追求"更快、更多、大量"的生产目的，为日本带来了经济高度增长，并且民众也都认为这对社会来说是有价值的。然而这个"价值"如果放在21世纪的现在来看的话，则未必是处于第一位的价值，因为价值是会随着时间的变化而变化的。既然价值会发生变化，那么如何让价值发生变化并引导其变化，则需要知识和研究的作用。因此从这个意义上来说，人文社会科学和文科类的研究是不可或缺的。

社会之所以将人文社科边缘化，吉见教授认为，其中一个原因就是和资本主义有密切的关系。资本主义的周转周期非常迅速，因此这也必然要求结果的快速产出，也就是通常意义上的"有用"的问题。如果这个"有用"结果的产出周期不断缩短的话，那么实际上，从长期来看，也就不具有价值了。人文社会科学的研究是着眼于10年、20年，或者30年乃至50年的时间长度的研究，并且这种研究就是在文化和社会层面上对各种价值观所进行的研究。也就是说，人文社科研究的根本之一就是对价值差异和价值转换的研究和分析。从现实社会中的例子来看，例如日本企业的夏普和索尼近年来在经营方面的表现，实际上就是未能考虑到价值观会随着时间的变化这一客观事实而失败的案例。

相反，理科研究作为一种在短期内达到其明确目的并产出效果的研究，虽然短期内"有用"，却无法建设可持续发展的社会。因此为了创造新的价值，建设新的、可持续发展的社会，文科研究是不可或缺的，为此应该倡导和强调文科的作用。

很多人认为"理科有用，文科无用"，因为文学是"虚学"，发挥不了什么实际作用，而"实学"才是对社会有用的研究。对此观点，吉见教授指出，人们通常看作实学的经营学和法学其实就属于人文社科领域，这些学科却很有用。相反在理科领域，比如生物学和生态学，或者基础物理学，却也未必能够立即产生效果或成果。再如文科的天文学虽然未必能够立即产生效果，这却是一门极其重要的学科。同样美学、艺术等学科的研究尽管受到了一些质疑，但又是能够创造价值的非常有用的学科。因此对于文科领域的诸如哲学或者历史学等学科，我们需要用一种前瞻性的眼光来审视它们，而不是仅仅看眼前的"有用"与否。

那么从针对人文社会科学的改革措施来看，是否"有用"成了政策出台的一个考虑因素。在财务省来看，"有用"和"价值"的考虑也就成了一个需要平衡的问题。例如在发掘巴比伦尼亚遗迹的研究方面，需要来自政府的庞大的财政支持，然而从政府的财政预算来看，必然追求所谓的"有用"，因此财政支持也必然希望能够用在可以迅速产出研究成果的领域，那么巴比伦尼亚遗迹的研究也就会在其平衡考虑下失去财政支持。所以在这种情况下，只能说某些领域的研究"看似没用，但是有价值"。综上所述，只追求速效性，只追求在短期内出成果的这种价值观本身就是存在问题的。为了能够建设一个可持续发展的社会，我们应该用具有前瞻性的眼光去思考和审视问题，应该考虑 30 年、50 年，甚至更长期的价值，而不是仅追求眼前的有用性。

关于通识教育，吉见教授指出，人文社会科学和素质教育实际上是两个不同的概念。例如，人类学、经济学和历史学等属于专业领域的研究，还不是素质教育的内容。也就是说，专业研究和素质教育以及文科和理科的区别实际上并不是人们所认为的那么简单。通识教育和素质教育更是不同的概念，通识教育包括语法学、修辞学、逻辑学、代数学、几何学、天文学以及音乐这七个领域的教育。最早诞生的三个通识教育领域都是语言类学科，其后依次诞生了与"数"相关的学科以及艺术类学科，由以上这三个文科、三个理科和一个艺术学科共同组成了通识教育，因此所谓通识教育并不单指文科。通识教育发展到 16～17 世纪时，出现了哲学和著名的哲学家，例如笛卡尔发明了笛卡尔数学，莱布尼茨则发明了数学的微积分，他们既是数学家，也是哲学家。进入 19 世纪以后，欧洲发生了工业革命，随之文科和理科的区别越来越明显，在诞生了土木工程、机械工程等理科领域的学科之后，又逐渐出现了物理学、化学和电气工程等学科。也就是说，理科的出现及其发展是和近代工业革命的发展紧密相关的。19 世纪至 20 世纪，理科逐渐成为主要的研究领域，然而与此同时，从事人文社会科学领域研究的学者也开始思考"文科是什么"，以及"人文社会科学具有怎样的价值"等重要问题。

关于大学的改革，吉见教授认为，大学应该采取双专业的模式，也就是说，学生既有主专业，同时又能选择一个其他领域的学科作为副专业。这样一来，学生就不单属于某个院系，而是可以在多个院系学习至少两个专业领域的知识。同时拥有主专业和副专业的这种做法，在美国的大学里非常常见，也很正常。例如有些学生既属于法学部，但是同时又是工学部、文学部，甚至农学部的学生，因此他们可以接触并学到多个领域的知识，这种教育模式更有利于创新性知识的产出。这一观点和前面所谈到的某个学科有用与否的话题也有一定的关联，因为社会上总有人认为文科无用，却很少有人说理科没用。既然文科和理科各有其特点和价值，那么将这两者结合的话，将会产生十分明显的效果。例如计算机专业的学生可以选择法律系的知识产权专业作为其副专业；再如主攻医学的学生也可以选择哲学或者逻辑学作为其副专业，学生通过不同专业的学习，不但有利于解决各个研究领域专业过于细化的问题，也有利于培养学生以不同的视角看待自己的专业研究。

吉见教授指出，日本大学之所以会出现目前这种情况，也是因为其历史问题。具体来说，二战前的帝国大学基本采取了德国的教育模式，即以入学考试择优录取学生，入校后，理科学生的学习以实验室为主，而文科学生的学习则以课堂讨论为主。然而德国型的大学里没有通识教育，因此在高等素质教育的机构中诞生了旧制高中这种模式，也就是采用了"旧制高中＋帝国大学"的模式。然而二战后，旧制高中被废除，取而代之的是在大学里成立了承担素质教育的院系，而且日本还导入了美国的教育模式。这样一来，在日本大学里既存在美国模式，也存在德国模式，结果就是日本大学变成了混合型的教育模式。对于这种混合型教育模式应该进行改革，可以在大学本科阶段采取素质教育和通识教育，而在研究生院阶段采取美国式教育模式。

此外，吉见教授还从社会贡献度出发，指出大学的改革不应该忽略地域的问题，而应加强对地域特色的挖掘和重点建设地域特色的学科。例如冲绳的大学应该具有冲绳的特色，可以结合民俗学加强冲绳大学的学科建设，这也可以说是从"有用"性这个角度对大学改革的一种思路。

日本国学院大学赤井益久校长表示正是因为 IT 时代已经到来，大学才更应该培养富有智慧的人才，而培养这类人才的使命，则是人文社会科学院系所应肩负的。对于这个观点，东京大学滨中淳子教授的研究正好可以提供有力的论据。滨中教授以数据分析的方式，围绕文理科学生毕业后的职业经历和文科效果的显现等方面，对理科的工科专业和文科的经济专业做了考察分析。最终的数据显示，文科的效果是随着时间的流逝而逐渐出现的。因此对于文科，不仅需要将其作为一门学问，以长远的目光进行评价和审视，即使从个人的职业经历来看，也需要将文科置于一个较长时间段内来评价，文科不同于理科，其效果出现需要一定的时间，因此不能单纯从短期内看不到效果而抛出"文科不要论"这样的观点。

面向社会 5.0 的人才培养

——社会在变，学习在变*

面向社会 5.0 的人才培养大臣座谈会整理

仲玉花 译

人类现在生活在一个瞬息万变的社会。

人类经历了狩猎社会、农耕社会和工业社会，发展到现在的信息社会，在此期间，生产方式和社会构造的变化促进了社会的发展，如今人们将要面临社会 5.0 的大变革时期。

社会 5.0（Society 5.0），是指人工智能（AI）、大数据、物联网（IoT）、机器人科学等先进技术经过高度化发展，进入了所有产业和人类社会生活的方方面面，并由此带来社会存在方式剧烈变革的时期。第 5 期科学技术基本计划（平成 28 年 1 月 22 日内阁会议决定）中，提出了社会 5.0 的形式和内容。社会 5.0 也被称为"超智能社会"，随着这种超智能社会的来临，人们的生活将会发生更加剧烈的变化，并会变得更加便捷和舒适。

一　社会 5.0 的社会形式

（一）AI 技术的发达

在社会 5.0 中，从人们生活中所存在的各种传感器以及活动履

---

* 本篇根据以下资料摘译整理而成：

《面向社会 5.0 的人才培养——社会在变，学习在变》（Society5.0 に向けた人材育成に係わる大臣懇談会『Society5.0 に向けた人材育成～社会が変わる、学びが変わる～』），日本文部科学省官网，http://www.mext.go.jp/component/a_menu/other/detail/_icsFiles/afieldfile/2018/06/06/1405844_002.pdf。

历等内容获取的庞大数据即大数据，通过 AI 的解析，将其结果连接到网络上。此外通过使用更多的物体或者机器人，使得在各个领域的工作进一步实现自动化等创新。在此变革之中，其核心技术便是 AI，即人工智能。

随着机械技术的发展，人工智能也将越来越先进。如今，甚至在音声识别、图像处理、语言翻译等领域，它都达到了与人类具备同等能力的水平。使用这些技术的自动行驶汽车、无人机、对话机器人和麦克风、翻译机、看护机器人，以及医疗诊断辅助产品和服务，已经达到了实用的阶段。并且，此阶段的研发的进一步发展，使得在象棋和围棋等信息化游戏中，也出现了足以战胜人类高手的人工智能。

（二）社会 5.0 中的经济社会

各个领域的创新今后将会引起人类社会和人们生活方式的巨大变化。

将来更多的工作将会被人工智能或者机器人所取代，人类的工作负担将会减轻，以至于人们开始讨论今后是否会出现大量的失业群体。随着技术的不断发展，即使社会上出现了新的雇用方式，如果劳动者一方并没有跟上社会的发展，那么也会因不适应这种雇用而产生更多的失业人口。此外，由技术创新所造成的技能的落伍，也会加速劳动市场的变化，并由此催生日本式雇用系统（企业内部的劳动力技能培养系统）的变化。

（三）迈向社会 5.0 前的日本社会问题

随着经济社会所产生的各种变化，日本也不得不面对前所未有的社会变化以及各种社会问题。

首先，实现社会 5.0 的核心即人工智能，以及构成人工智能基础的数学和信息科学相关的研发和教育，现在已经落后于美国和中国了。近年来，与人工智能有关的市场需求不断增加，因此人工智能相关的研发人员在全世界都出现了不足的趋势。日本虽然在自下而上型的研发上占有一定的优势，但是在人工智能这种自上而下型的研发方面没有优势，尤其是与以质和量取胜的美国和研发势头强劲的中国相比，日本更是处于劣势地位。

（四）人类的优势

技术的发展与社会的变化互相影响，使得准确预测社会的走向变得更加困难。但毋庸置疑的是，未来社会必定会发生更加日新月异的变化。

人类在应对社会变化上具有一定的优势。所谓人类的优势，是指人类可以认识和理解现实世界，并且能够根据其实际情况作出相应的回应。虽然有人说，人工智能在某些方面超出了人类的能力，但是就其本质来说，人工智能毕竟只是计算机程序，因此，至少目前的人工智能还没有达到完全理解信息背后的意思的程度，也就是说人工智能还不能理解信息背后的现实世界。给予人工智能工作目的和伦理观的，依然是人类。因此计算机程序所无法从事的高难度工作，以及那些需要经过判断和思考的工作，都是很难被人工智能所替代的。

二 社会 5.0 所需要的人才情况及学习方式

（一）引领新社会的人才

引领社会 5.0 的关键是人才。这些人才可以从根本上发现并创造新知识，而这些知识则又会带来技术创新和价值创造。并且引领社会的人才，还能将将其研究成果运用到社会问题上，并创造出新的事业。

通过建立不同领域之间的联系，可以提供一个创造生态系统的平台和商业形态，并可以创造出新的价值。因此在这样的人才身上，连接不同领域的能力以及挑战新事物的精神是非常重要的。

在社会5.0中，为了能够进一步发挥日本的优势，需要各个领域的人才最大限度地借助人工智能和数据的力量进行工作。

（二）社会需求的能力

为了能够在社会5.0中生活得更好，人类不仅需要具备一定的知识、技能、思考能力、判断能力和表现力，此外还应具备以下几种社会所需要的通用能力：①正确理解文章和信息，并能够与他人对话的能力；②科学地进行思考的能力；③发现和创造价值的好奇心与能力。

（三）社会5.0时期的学校

人类不能被动地接受社会5.0的变化。在人工智能真正普及的过程中，教育以及学习的方式也会因此而受到一定的影响，并产生变化。例如随着教育用人工智能的不断普及，人工智能会掌握并分析个人的学习履历、学习完成度，以及个人的健康状况等内容，并对个人的学习计划和学习内容给出提示和建议，最终人工智能利用所掌握的学习履历等，可以给学生提供个人的学习特点以及不同阶段的学习建议等。

因此，在科技不断发展的背景下，社会5.0时期的学校将会跳出统一化的授课模式，并通过不断加强学生在读解等方面的基础学习能力，从而为学生提供一个针对个体不同的学习能力和学习进度等的学习场所。此外也可以根据学习履历、学习进度以及学习内容等，开展不同年龄段、不同学年之间的协同学习。

三 面向新时代的教育政策方向

（一）幼儿教育阶段

幼儿时期的教育是培养人格形成基础的教育阶段。随着少子老龄化的进程，随着家长工作方式的变革等社会环境的变化，社会需要提供高质量的幼儿教育。

幼儿教育阶段，在幼儿自发的以玩耍为主的生活中，幼儿接受着具有针对性的综合指导。幼儿教师根据幼儿不同的发展阶段，为幼儿创造了一个与他人、与自然接触的环境，并致力于为幼儿提供一个可以自发玩耍的教育环境。因此随着社会的变革，即使幼儿教育也在发生着一定程度的变化，教师作为"人"的价值本身却不会发生改变。

然而幼儿的行动和教师指导的效果等内容，也存在难以把握的情况。因此需要将以上情况可视化，并且从支援教师的指导和减轻教师的负担出发，有必要有效利用社会 5.0 时代的先进技术。

（二）中小学教育阶段

在社会 5.0 时代，社会构造发生着剧烈的变化，社会所需求的知识也在发生着激烈的变化。因此学生时代需要夯实学习的基础。社会 5.0 时代，学校、教师和学生，还有教材、教师等教育的基本构成要素，今后都将成为学习的基础。日本的义务教育水平，在经合组织各国之中，属于较高水准。未来在社会 5.0 时期，为了让所有的学生掌握基础的读解能力、数学思维能力等基础学习能力，在义务教育阶段，有必要切实实施新的学习指导纲领。

（三）高等教育阶段

高等院校作为大约 99% 的学生的升学机构，应该成为一个培养学生在社会 5.0 阶段的生存能力的场所。从高等院校的现状来看，普通学科学生约占七成（80 万人），职业技术等学科的学生约占三成（30 万人），普通学科中，文科约占七成，而且目前的高等院校中逐渐出现了一种学生不局限于某个特定领域而学习的趋势。因此高等院校需要考虑学生在社会 5.0 阶段的未来，并逐步转变成一个能够给学生提供主动性、能动性学习的场所。首先在学校里，教育活动不再是教师单方面的教学，而是应该以学生自主学习为主。学生根据自己的兴趣，可以利用学校、地区、企业、NPO 组织等各种机构和场所，并通过社会接触的方式，进行与社会接轨的学习。

（四）从高等院校毕业到进入社会的阶段

学生在进入社会前，需要回顾在学校得到了怎样的教育。并且，只有那些在教育上最大限度发挥学生能力的学校，才会在今后获得社会以及学生的支持。随着新技术的出现，不仅学习方法和学习场所需要改变，学习的内容等方面，也需要随着时代发展而进行调整。

（五）今后的方向性概况

基于上述几点，关于教育政策的方向性，大概归纳为以下三点：①"公平且个体化优化学习"的学习机会和学习场所的提供；②所有学生需掌握基础读解能力、数学思维能力等基础学习能力，以及灵活运用信息的能力；③跨越文理分科。

（六）体育和文化

在社会 5.0 阶段，通过大数据以及人工智能的有效利用，可以在体育运动领域乃至老龄人群中，进行个体化的运动实践和运动指导。

此外，通过先进技术的使用，人们可以在社会 5.0 时代享受丰富的文化内容，例如最新技术的高精度档案数据化及其有效利用、

VR 技术在文化艺术领域的利用等，都能够给人们带来丰富的文化享受。

四　新时代学习方式的改革与实施的方案（面向社会5.0阶段的领导课题）

基于以上方向性等内容的探讨，在社会 5.0 阶段，需要实施以下短期及中长期的方案，即"面向社会 5.0 阶段的领导课题"。

（一）关于"公平及个体化优化学习"机会与场所的提供

①学习的个体优化，不同年龄、不同学年等多样性协同学习试点事业的开展［在全国的中小学及高等院校中实施（学校数目有待于商讨）］；②学习履历的有效利用；③有效利用 EdTech（教育技术）与大数据，提高教育质量，充实学习环境。

（二）所有学生需掌握基础读解能力、数学思维能力等基础学习能力，以及灵活运用信息的能力

①掌握新的学习指导要领；②掌握信息运用能力；③建立学校的指导体制，改善教师资格证制度。

（三）跨越文理分科

①高中与大学的文理科学习接轨改革；②培养能够发现地域优势的人才。

图书在版编目（CIP）数据

全球文化发展观察. 2018. 日本人文科学的"危机"
和教育制度的调整／中国社会科学院中国文化研究中心
主编；王青著. -- 北京：社会科学文献出版社，
2019.12

ISBN 978 - 7 - 5201 - 5699 - 8

Ⅰ.①全… Ⅱ.①中… ②王… Ⅲ.①文化发展 - 研
究报告 - 世界 - 2018 Ⅳ.①G11

中国版本图书馆 CIP 数据核字（2019）第 261360 号

全球文化发展观察（2018）
日本人文科学的"危机"和教育制度的调整

主　　编／中国社会科学院中国文化研究中心
执行主编／章建刚
著　　者／王　青

出 版 人／谢寿光
责任编辑／张　超

出　　版／社会科学文献出版社·皮书出版分社（010）59367127
　　　　　地址：北京市北三环中路甲 29 号院华龙大厦　邮编：100029
　　　　　网址：www. ssap. com. cn
发　　行／市场营销中心（010）59367081　59367083
印　　装／三河市东方印刷有限公司

规　　格／开　本：787mm×1092mm　1/16
　　　　　印　张：3　字　数：35 千字
版　　次／2019 年 12 月第 1 版　2019 年 12 月第 1 次印刷
书　　号／ISBN 978 - 7 - 5201 - 5699 - 8
定　　价／98.00 元（全四册）

本书如有印装质量问题，请与读者服务中心（010 - 59367028）联系